教材规划小组
Teaching Material Project Planning Group

许琳　夏建辉　张健　郝运

海外咨询小组
Overseas Consulting Group

洪　玮	美国普渡大学
周明朗	美国马里兰大学
王命全	美国塔夫茨大学
陈山木	加拿大不列颠哥伦比亚大学
吴小燕	加拿大多伦多大学
王仁忠	加拿大麦吉尔大学
白乐桑	法国巴黎东方语言文化学院
顾安达	德国柏林自由大学
袁博平	英国剑桥大学
王维群	英国诺丁汉大学
吴坚立	澳大利亚墨尔本翩丽艾森顿文法学校
罗　拉	俄罗斯莫斯科国立语言大学
三宅登之	日本东京外国语大学
李充阳	韩国首尔孔子学院
朴兴洙	韩国外国语大学
希夏姆	埃及艾因夏姆斯大学

孔子学院总部/国家汉办
Confucius Institute Headquarters (Hanban)

荣获"优秀国际汉语教材奖"
Won the Award for Outstanding International Chinese Language Teaching Materials

英文注释
Annotated in English

2

刘珣◎主编

NEW PRACTICAL CHINESE READER

3rd Edition

COMPANION READER
同步阅读

编　者：孟凯　王瑞　韩菡　刘敬华　刘珣

新实用汉语课本

（第3版）

北京语言大学出版社
BEIJING LANGUAGE AND CULTURE
UNIVERSITY PRESS

© 2021 北京语言大学出版社，社图号 21045

图书在版编目（CIP）数据

　　新实用汉语课本：英文注释．2，同步阅读 ／ 刘珣主编．-- 3 版．-- 北京：北京语言大学出版社，2021.6
　　ISBN 978-7-5619-5872-8

　　Ⅰ.①新… Ⅱ.①刘… Ⅲ.①汉语－阅读教学－对外汉语教学－教材 Ⅳ.① H195.4

　　中国版本图书馆 CIP 数据核字（2021）第 115820 号

新实用汉语课本（第3版 英文注释）同步阅读2
XIN SHIYONG HANYU KEBEN (DI 3 BAN YINGWEN ZHUSHI) TONGBU YUEDU 2

项目负责：付彦白	
责任编辑：郭　冰	英文编辑：孙玉婷
封面设计：张　静	版式设计：李　佳
排版制作：北京创艺涵文化发展有限公司	
责任印制：周　燚	

出版发行　北京语言大学出版社

社　　址：北京市海淀区学院路 15 号，100083
网　　址：www.blcup.com
电子信箱：service@blcup.com
电　　话：编辑部　　8610-82303647/3592/3395
　　　　　国内发行　8610-82303650/3591/3648
　　　　　海外发行　8610-82303365/3080/3668
　　　　　北语书店　8610-82303653
　　　　　网购咨询　8610-82303908
印　　刷：天津嘉恒印务有限公司

版　　次：2021 年 6 月第 3 版　　印　　次：2021 年 6 月第 1 次印刷
开　　本：889 毫米 × 1194 毫米 1/16　　印　　张：5.25
字　　数：86 千字
03800

PRINTED IN CHINA

致学习者

欢迎使用《新实用汉语课本·同步阅读》!

《新实用汉语课本》(第3版 英文注释)配套产品包括《课本》《综合练习册》《教师用书》《同步阅读》《汉字练习册》《测试题》,以满足师生课上、课下的不同需求。其中,《同步阅读》主要供学习者(也就是你们)课上或课下阅读使用。在《课本》和《综合练习册》的基础上,它为你们提供了更为丰富多样的汉语阅读材料以及阅读理解的技能训练和学习策略训练。

你会发现《同步阅读》具有以下能有效促进你汉语学习进程的特点:

1.《同步阅读》与《课本》同步,在《课本》内容和语言点的基础上,提供实用有趣的阅读材料和丰富多样的练习形式,让你在阅读的乐趣中,不知不觉提升你的汉语阅读理解能力。

2. 阅读材料数量丰富,体裁各异,题材多样,形式从对话、短文到图片、实物材料,为你提供足量、优质而多样的汉语第二语言输入,切实有效地促进你的汉语习得。

3. 多种交际性、任务型的阅读理解练习设计,让你在做中学,用中学;让你在很好地掌握了汉语语言结构的基础上,完美地完成语言任务和交际活动。

4. 大量的真实材料练习,生动而有趣,让你如临交际实景,向你呈现中国文化特性。

5. 阅读材料的选取、阅读材料词汇和语言点的控制、阅读理解的练习设计均体现出由易到难、由机械到活用、由基本练习到引申扩展练习的坡度性,方便你自由选择。

6. 你一定知道,第二语言学习是有策略的,它能有效促进你的学习进程,提高你的学习效率。而这些策略是可以训练的,阅读理解也是如此。在《同步阅读》中,你会发现每课都为你精心设计了一个学习策略训练题,比如:通过上下文猜测生词的词义,通过查词典了解生词的意义和用法,限时快速阅读并检索重要信息,寻找阅读材料中的关键词或关键句,通过寻找同一主题的一组词语进行语义分类,等等。在进行阅读训练的同时,你也会得到系统的学习策略训练。加强对你的第二语言学习策略的指导,这可是《同步阅读》设计的创新点哟。

现在,你是不是已经迫不及待地想要开始你的阅读之旅了呢?那就享受阅读的乐趣吧!

To Students

Welcome to the Companion Reader of New Practical Chinese Reader!

Each level of New Practical Chinese Reader (3rd Edition, Annotated in English) is composed of a Textbook, a Workbook, an Instructor's Manual, a Companion Reader, a Chinese Characters Workbook and a book of Tests and Quizzes to satisfy teachers' and students' different needs inside and outside the classroom. Among them, the Companion Reader is for students (in other words, you) to read in or after class. Based on the Textbook and the Workbook, it provides you with more and richer Chinese reading materials as well as training in reading comprehension skills and learning strategies.

You'll find the following features of the Companion Reader which can effectively advance your Chinese learning process:

- The Companion Reader matches the Textbook. Based on the content and language points in the Textbook, it provides practical and entertaining reading materials and various forms of exercises, enabling you to improve your Chinese reading comprehension while enjoying reading.
- The reading materials come in large quantities and have different styles and themes. There are all forms of them, ranging from dialogues and short passages to pictures and material objects, which provide abundant, excellent and diverse input of Chinese as a second language to improve your Chinese acquisition effectively.
- The design of various communicative and task-based reading comprehension exercises enables you to learn in practice, in which way you can achieve a good command of the language structure of Chinese and based on that, complete the language and communication tasks successfully.
- Plenty of authentic, vivid and entertaining language data and exercises make you feel as if you are personally on the scene and show you the unique characteristics of Chinese culture.
- The selection of reading materials, the control of vocabulary and language points, and the design of exercises all demonstrate a gradual progression from being easy, mechanical and basic to being more difficult, flexible and extensive, giving you different choices to choose from.

To Students

- You sure know that second language acquisition requires strategies which will effectively advance your learning process and improve your learning efficiency. These strategies can be trained, so can reading comprehension. In the Companion Reader, you'll find a training exercise in each lesson focusing on learning strategy elaborately designed for you, for example, guessing the meanings of new words based on context, consulting the definitions and usages of new words in a dictionary, fast reading and retrieving important information within a limited period of time, finding the key words or sentences in a reading material, semantic categorization by finding words of the same theme, etc. Through the reading practice, you'll receive a systematic training in learning strategies as well. The strengthened guidance on your second language learning strategies is a creative aspect in the design of the Companion Reader.

Now, you can't wait to begin the reading, can you? Go ahead and enjoy it!

目 录
Contents

11 Wǒ wánr de fēicháng gāoxìng
我 玩儿 得 非常 高兴
I had a great time 1

12 Nín yào jìdào nǎr
您 要 寄到 哪儿
Where do you want to send your parcel 7

13 Qǐng nín bǎ xìngmíng hé shǒujīhào xiězài zhèr
请 您 把 姓名 和 手机号 写在 这儿
Please write your name and cell phone number here 13

14 Zū de bǐ mǎi de piányi duō le
租 的 比 买 的 便宜 多 了
Renting is much cheaper than buying 19

15 Zhōngguóhuà gēn yóuhuà bù yíyàng
中国画 跟 油画 不 一样
Chinese paintings and oil paintings are different 27

16 Wǒ shì wǔ suì kāishǐ xué yóuyǒng de
我 是 五岁 开始 学 游泳 的
It was at age five that I first learned to swim 33

17 Nǐ kànguo jīngjù méiyǒu
你 看过 京剧 没有
Have you ever seen Beijing opera 39

18 Wǒmen páshàng Chángchéng lai le
我们 爬上 长城 来 了
We have climbed up the Great Wall 45

19 Qìchē bèi wǒ zhuàng le
汽车 被 我 撞 了
I crashed into a car 53

20 Qǐng bǎ diànnǎo ná chulai
请 把 电脑 拿 出来
Please take out your computer 59

参考答案
Reference Answers 65

11 Wǒ wánr de fēicháng gāoxìng
我玩儿得非常高兴
I had a great time

Reading Material 1

中国银行外汇牌价

货币名称	交易单位	现汇买入价	现钞买入价	现汇卖出价	现钞卖出价	中行折算价	发布时间
美元	100	650.92	645.63	653.68	653.68	652.28	2021-3-24 10:56:13
日元	100	5.9903	5.8042	6.0343	6.0437	6.0098	2021-3-24 10:56:13
欧元	100	770.01	746.08	775.68	778.18	772.69	2021-3-24 10:56:13
英镑	100	892.4	864.67	898.98	902.95	896.05	2021-3-24 10:56:13

1 根据表格，先猜一猜下列生词的意思，然后查词典确认。
According to the table above, guess the meanings of the following new words and confirm your guess by consulting a dictionary.

（1）现汇 xiànhuì _____　　（2）现钞 xiànchāo _____

（3）买入价 mǎirùjià _____　　（4）卖出价 màichūjià _____

（5）折算价 zhésuànjià _____

2 根据表格，回答问题。
According to the table above, answer the questions.

（1）如果你有500美元，你大概（dàgài, approximately）可以换多少人民币现钞？

_____

（2）如果你有3000元人民币，你大概可以换多少欧元现汇？

_____

（3）如果你有15万日元，你大概可以换多少人民币现钞？

_____

· 1

Reading Material 2

上星期日，我参加了朋友的生日晚会，玩儿得特别高兴，可是吃得太多了，喝得也不少，不太舒服，就想打车回家。好长时间都没有车，突然（tūrán, suddenly）来了一辆，我马上走过去。司机（sījī, driver）问："去哪里？去哪里？"我说："去那里，去那里。"司机说："不认识那里。"说完就开车走了。我一边跑一边追车："我认识那里，我认识那里。"

1 读短文，选择正确的答案。

Read the short passage and choose the correct answers.

（1）上星期日，我（　　）。

    A. 开会了　　　　　B. 过生日了　　　　　C. 参加了朋友的生日晚会

（2）参加生日晚会，我（　　）。

    A. 玩儿得不舒服　　B. 吃得特别高兴　　　C. 吃得多，喝得多

（3）因为（　　），我想打车回家。

    A. 非常高兴　　　　B. 参加生日晚会　　　C. 不舒服

（4）司机问"去哪里？"，我为什么说"去那里"？（　　）

    A. 我喝酒喝多了　　B. 我不知道去哪里　　C. 我不知道怎么说

（5）我上车了没有？（　　）

    A. 上了　　　　　　B. 没有　　　　　　　C. 不知道

（6）我想去哪里？（　　）

    A. 司机家　　　　　B. 朋友家　　　　　　C. 自己家

2 读短文，填空。

Read the short passage and fill in the blanks.

我_____了朋友的_____，吃得_____，喝得_____，可是玩儿得_____。我不舒服，想_____回家。等了_____突然来了一辆车。司机问我_____，我回答_____，但是司机说_____，然后就开车走了。

第11课　我玩儿得非常高兴
Lesson 11　I had a great time

Reading Material 3

林娜很喜欢旅行，不一定去上海、西安、香港这样的大城市，就在一个小地方走一走，尝一尝小吃，她也觉得很有意思。

上星期六，林娜来到了北京旁边的一个小镇，这个地方是王小云的一个朋友告诉她的。这里有山有水，人也不多，非常安静。走了一会儿，林娜就看到了一个湖（hú, lake）。湖上有几条小船（chuán, boat），湖里有特别好看的<u>鱼游来游去</u>。湖边有很多树和不少漂亮的花儿，几个孩子边跑边笑，玩儿得非常高兴。林娜跟孩子们说了几句汉语，他们都觉得林娜的汉语说得非常流利。中午，林娜买了小吃，在湖边看风景、吃小吃，特别开心。回北京的车开得很快，一个小时就到学校了。

林娜很想跟朋友们一起再去一次那个漂亮的小镇。

1 读短文，选择正确的答案。
Read the short passage and choose the correct answers.

（1）林娜觉得去（　　）旅行都不错。

　　A. 大城市　　　　B. 小地方　　　　C. 大城市和小地方

（2）林娜怎么知道这个小镇的？（　　）

　　A. 书上看的　　　B. 听朋友说的　　C. 手机里看的

（3）"湖里有特别好看的<u>鱼游来游去</u>"中的"游来游去"是什么意思？（　　）

　　A. 游走　　　　　B. 一直游　　　　C. 游一次

（4）湖旁边有（　　）。

　　A. 几条小船　　　B. 好看的鱼　　　C. 树和花儿

（5）孩子们觉得林娜的汉语（　　）。

　　A. 不太好　　　　B. 很好　　　　　C. 不好

（6）小镇的风景（　　）。

　　A. 特别美　　　　B. 好玩儿　　　　C. 非常开心

2 根据短文内容，按顺序排列下面的句子。
According to the short passage, arrange the following sentences in order.

A. 林娜买了小吃，边看风景，边吃小吃，特别高兴。

B. 车开得很快，林娜一个小时就到学校了。

C. 上星期六，林娜来到一个小镇。

D. 在那里，林娜看到一个湖，湖上有船，湖里还有鱼。

E. 湖边有孩子们玩儿，他们说林娜的汉语很流利。

F. 林娜想跟朋友再去一次那个小镇。

___C___ → _____ → _____ → _____ → _____ → _____

Reading Material 4

北京有很多名胜古迹，最有名的是长城。中国人说"不到长城非好汉"，就是说一定要登上长城，才能成为英雄（yīngxióng, hero）。北京的菜也很好吃，来了北京你一定要尝尝北京烤鸭。

西安的兵马俑有两千多年的历史。西安的面食种类（zhǒnglèi, variety）特别多，喜欢吃面食的人一定要去西安。

你听过"上有天堂，下有苏杭"吗？"苏杭"是两个城市：苏州和杭州。苏州有很多河，被称为"水城"。苏州的鲜肉月饼、松鼠鱼很有特色，你可以去尝尝。

杭州的西湖特别有名，"西湖十景"非常美。杭州的茶叶非常好喝，你可以试试西湖龙井。

桂林有山有江（jiāng, river），非常漂亮，有"桂林山水甲天下（jiǎ tiānxià, number one in the world）"的美称。桂林有一座山，山的样子像一只站在江边喝水的大象（xiàng, elephant），叫"象鼻山"。桂林的小吃也不少，你可以一边吃小吃，一边看美景。

第 11 课　我玩儿得非常高兴
Lesson 11　I had a great time

1 读短文，将图片与对应的城市名称连起来。
Read the short passage and draw lines to match the pictures to the cities.

西安

苏州

桂林

杭州

北京

2 读短文，判断下列句子是否符合短文的内容，符合的画"√"，不符合的画"×"。
Read the short passage and tick the true statements and cross the false ones.

（1）你可以去西安吃到好吃的烤鸭。　　　　　　（　　）

（2）如果你没去看兵马俑，你就不是英雄。　　　（　　）

（3）"苏杭"说的是两个城市。　　　　　　　　　（　　）

（4）"西湖十景"是非常有名的茶叶。　　　　　　（　　）

（5）"水城"说的是杭州。　　　　　　　　　（　　）

（6）桂林的山水像画一样。　　　　　　　　（　　）

3 根据短文，请你试着解释下边的词语和句子。
According to the short passage, please try to explain the following words and sentences.

（1）名胜古迹

___

（2）美称

___

（3）不到长城非好汉。

___

（4）上有天堂，下有苏杭。

___

（5）桂林山水甲天下。

___

12 Nín yào jìdào nǎr
您要寄到哪儿
Where do you want to send your parcel

Reading Material 1

今天丁力波收到了朋友寄来的一封信。下面是这封信的信封：

```
┌─────────────────────────────────────────────┐
│  1 0 0 0 8 3                      ┌──────┐  │
│                                   │ 邮票 │  │
│      北京市海淀区学院路15号         │      │  │
│      北京语言大学                   └──────┘  │
│      学生宿舍4号楼403室                      │
│                                              │
│      丁力波    收                            │
│                                              │
│                    上海市虹口区大连西路550号 │
│                    上海外国语大学    王月 寄 │
│                    2 0 0 0 8 3               │
└─────────────────────────────────────────────┘
```

1 **看图回答问题。**

Look at the picture and answer the questions.

（1）丁力波的宿舍在几号楼几号房间？

_____

（2）北京语言大学在什么路多少号？

_____

（3）这封信的寄信人是谁？

_____

（4）这封信从哪儿寄到北京？

_____

（5）上海外国语大学的邮政编码（yóuzhèng biānmǎ, postcode）是多少？

_____

2 丁力波给王月写了一封回信，请你帮丁力波填写信封。
Ding Libo has written a reply to Wang Yue. Please help him fill out the envelope.

Reading Material 2

今天上午九点左右邮递员送来了一张明信片。我一看，是我的朋友玛丽（Mǎlì, Mary）从上海寄来的。玛丽告诉我最近她在上海旅行。她说，上海是个很有意思的地方，有很多高楼大厦，也有很多好吃的东西。我打算（dǎsuàn, to plan to）下午给玛丽写一封回信，写完信以后就去邮局寄给她。我室友告诉我，邮局五点下班（xiàbān, to close），我得快点儿写。

1 读短文，判断下列句子是否符合短文的内容，符合的画"√"，不符合的画"×"。
Read the short passage and tick the true statements and cross the false ones.

（1）今天玛丽送来了一张明信片。　　　　　　　　　　（　　）

（2）最近"我"在上海旅行。　　　　　　　　　　　　　（　　）

第12课 您要寄到哪儿
Lesson 12 Where do you want to send your parcel

（3）"我"觉得上海是个很有意思的地方。　　　　　　（　）

（4）今天下午"我"要写信。　　　　　　　　　　　　（　）

（5）"我"五点以前要去邮局。　　　　　　　　　　　（　）

2 读短文，填空。
Read the short passage and fill in the blanks.

今天我的朋友玛丽从上海给我_____了一张明信片。玛丽_____在上海旅行。她_____我，上海是个很有意思的地方。今天下午我要给玛丽写一封回信。我写_____信就去邮局_____她。因为（yīnwèi, because）邮局_____下班，我得_____写。

Reading Material 3

我在中国学习汉语，还有一个月就要回国了，可是有很多东西不能带（dài, to take）回国去：有的（yǒude, some）东西太重（zhòng, heavy）了，有的东西太大了。我想，这些东西能不能寄回国呢？

星期六，我来到邮局，问营业员怎么寄包裹。营业员问我是寄航空还是海运。我没听明白营业员的意思，就问她："寄航空是什么？"她告诉我，寄航空是用飞机寄，一个星期可以到，邮费一共是680元；寄海运是用船寄，邮费230元，不过两个月左右才能到。我觉得寄航空太贵了，我也不着急用这些东西，我说："寄海运吧。"营业员让我先填一张包裹单。我填完以后给营业员看。她说："你填错了。你是寄件人，你的名字和地址应该写在下边。上边要写收件人的姓名和地址。"她又给了我一张单子，让我再填一遍。我填完以后，营业员又说："你没签字，请在这儿签上你的名字。"我签完字，营业员说没问题了，让我去1号窗口付钱。我听错了，去了7号窗口。那儿的营业员又告诉了我一遍，我才明白。

寄完包裹，我又给朋友寄了一张明信片。

1 读短文，选择正确的答案。

Read the short passage and choose the correct answers.

（1）"我"为什么想寄东西回国？（　　）

　　A. 寄东西很便宜

　　B. 很多东西不能带回国

　　C. "我"不能回国

（2）关于（guānyú, about）寄航空，下面哪一个不对？（　　）

　　A. 一星期可以到　　B. 用飞机寄　　C. 邮费很便宜

（3）关于填包裹单，下面哪一个不对？（　　）

　　A. 寄件人要签字

　　B. 要写寄件人和收件人的名字和地址

　　C. 寄件人的名字写在上边，收件人的名字写在下边

（4）填完包裹单以后应该做什么？（　　）

　　A. 付钱　　　　B. 回家　　　　C. 再填一张单子

（5）关于这个邮局，下面哪一个不对？（　　）

　　A. 只能寄包裹

　　B. 可以寄航空，也可以寄海运

　　C. 星期六不休息

2 读短文，填空。

Read the short passage and fill in the blanks.

（1）为什么有很多东西"我"不能带回国去？

　　因为：① 有的东西_____；

　　　　　② 有的东西_____。

（2）"我"为什么不寄航空？

　　因为：① _____；

　　　　　② _____。

第12课 您要寄到哪儿
Lesson 12 Where do you want to send your parcel

（3）"我"在邮局寄包裹，遇到（yùdào, to encounter）了哪些问题？

①"我"没听明白_____。

②"我"填错了_____。

③"我"听错了_____。

Reading Material 4

中国的"希望（xīwàng, hope）小学"是用人们的捐款（juānkuǎn, donation）在贫困的地方办的学校，这样可以让贫困家庭的孩子也能上学。

这里是湖北省（Húběi Shěng, Hubei Province）农村（nóngcūn, countryside）的一所希望小学。今天上午，快递员打来电话，说上午会送来几个包裹，是爱心人士寄来的礼物。老师和同学们都很高兴，一直在学校里等快递员来，可是等到中午，快递员还没来。

这时，快递员又给老师打来电话，说因为学校在山里，路不好走，得下午才能送到。通完电话，老师们决定一起去山下接快递员。他们刚到山下，就看到快递员背着（bēizhe, to carry on the back）几个又大又重的包裹过来了。老师们赶紧（gǎnjǐn, hurriedly）过去，帮快递员拿包裹，一起送到了学校。老师和同学们都十分感谢快递员，想请他一起吃午饭。可是快递员说他得回公司，还有很多包裹没送完呢。

这些大包裹里都是爱心人士寄来的书、文具、衣服。这些寄礼物的人都是普通人，他们用自己的爱心帮助农村山里的孩子们，给他们送来了希望。

1 读短文，判断下列句子是否符合短文的内容，符合的画"√"，不符合的画"×"。

Read the short passage and tick the true statements and cross the false ones.

（1）"希望小学"是一所小学的名字。　　　　　　（　　）

（2）老师和同学们等快递员来一起吃饭。　　　　（　　）

（3）因为山里的路不好走，快递员来晚了。　　　（　　）

（4）老师和同学们一起去山下接快递员。　　　　（　　）

（5）寄礼物的爱心人士都是普通人。　　　　　　（　　）

2 根据短文内容，为左边的词语找到合适的解释并连线。

According to the short passage, draw lines to match the words on the left to the explanations on the right.

① 贫困	A. 笔、本子等学习用的东西
② 上学	B. 非常
③ 爱心人士	C. 没有钱
④ 十分	D. 有爱心、喜欢帮助别人的人
⑤ 文具	E. 去学校学习

13 Qǐng nín bǎ xìngmíng hé shǒujīhào xiězài zhèr
请您把姓名和手机号写在这儿
Please write your name and cell phone number here

Reading Material 1

这是一张2021年从北京到南京的火车时刻表。

车次	出发站	开车	到达站	到达时间	行程时间	票价	余票
G101	北京南	06:36	南京南	11:14	4小时38分	421元	21张
G5	北京南	07:00	南京南	10:22	3小时22分	482元	0张
G19	北京南	08:00	南京南	11:24	3小时24分	482元	0张
G7	北京南	10:00	南京南	13:23	3小时23分	482元	10张
G121	北京南	10:20	南京南	14:55	4小时35分	445元	35张
G3	北京南	14:00	南京南	17:23	3小时23分	482元	14张
G17	北京南	19:00	南京南	22:13	3小时13分	482元	20张
T109	北京	20:05	南京	07:43+1	11小时38分	148.5元	160张
K101	北京	23:20	南京	13:47+1	14小时27分	148.5元	189张

1 阅读上表，回答问题。
Read the table above and answer the questions.

（1）G121次火车几点开车？

_____

（2）早上开车，中午12点以前到南京的车次有哪些？

_____

（3）从北京去南京，哪个车次最快？要坐多长时间？

_____

（4）从北京去南京，哪个车次最慢？要坐多长时间？

_____

（5）G7次火车还有多少张票？

_____

2 下面这几个人都要去南京，请先读一读他们的要求，然后填空。
Read the requirements of the following people who are going to Nanjing and then fill in the blanks.

A：我想晚上在火车上睡觉，早上到南京，不耽误（dānwu, to waste）白天的时间。

B：我想早上从北京走，中午12点以前到南京。

C：我现在有事，只能晚上从北京走，可是我想今天晚上就到南京。

D：我中午要在北京跟朋友一起吃饭，晚上7点要到南京参加一个活动。

E：我没有钱，时间没关系，要买最便宜的火车票。

请为他们每个人买一张合适的火车票，并填写车次：

A：_____次 B：_____次 C：_____次 D：_____次 E：_____次

Reading Material 2

　　下个星期我们没有课，我要跟王小云一起去广州旅行。我问小云："咱们怎么去广州？坐火车还是坐飞机？"小云说："先查查火车票和飞机票吧。"我们用手机APP查了查去广州的车票和机票。每天从北京到广州的火车有8个车次，最快的一趟高铁要8个小时才到，一张票800多块钱；到广州的飞机有15个航班（hángbān, flight），大概3个小时就到了。不过飞机票太贵了，最便宜的航班也要1600块。小云想坐高铁去。我说："坐8个小时的火车，太无聊了吧。"小云说："不会。坐高铁很舒服，可以看书、看电影，还可以上网。"我说："是吗？可以上网就好，那我就没问题了！"

第13课 请您把姓名和手机号写在这儿
Lesson 13　Please write your name and cell phone number here

1 读短文，判断下列句子是否符合短文的内容，符合的画"√"，不符合的画"×"。
Read the short passage and tick the true statements and cross the false ones.

(1) "我"下个星期去广州旅行。　　　　　　　　　　（　　）

(2) "我"用手机查了飞机票和火车票。　　　　　　　（　　）

(3) 从北京到广州，最快8个小时才能到。　　　　　（　　）

(4) 坐高铁可以上网，可是"我"觉得很无聊。　　　　（　　）

(5) "我们"决定坐高铁去广州。　　　　　　　　　　（　　）

2 读短文，填空。
Read the short passage and fill in the blanks.

从北京到广州		
坐高铁	vs	坐飞机
每天有_____个车次。		每天有_____个航班。
最快_____个小时到。		大概_____个小时到。
车票_____元一张。		机票_____元一张。
可以_____、_____、_____。		机票太_____。

Reading Material 3

2021年1月24日　星期天　晴

　　昨天下了一天的雪，今天早上6点，我就起床了。看到雪停了，我想，今天去滑雪太合适了。我就给朋友们打了电话，问他们想不想去滑雪，他们都说我这个主意太好了。打完电话，我把滑雪用的衣服、帽子装在一个大箱子里，把苹果、面包、巧克力这些吃的东西放在一个包里，然后把箱子和包放在我的车里。7点左右，太阳出来了，我开车去接我的三个朋友。7点半，我们四个人一起去滑雪场。我们在车上听音乐，聊天儿，开车开了两个小时才到。我们把车停在停车场，然后带上箱子和包，走到了滑雪场。这个滑雪场很大,来滑雪的人也不少。昨天下了一场大雪,今天<u>树上、房子上都白了</u>,非常漂亮。我们滑了两个小时,快12点了。我们觉得又饿又累,就停下来,吃了点儿东西。后来我们又滑了两个半小时。滑完以后,我们坐在雪地里休息了半个小时。4点半我们开车回家了。

今天我们都很累,<u>不过玩儿得很高兴</u>。我们想下个月再去滑一次雪。

1 读短文,选择正确的答案。

Read the short passage and choose the correct answers.

(1) 今天天气怎么样?(　　)

　　A. 天气很好　　　　B. 下雪了　　　　C. 没有太阳

(2) 在7点左右,下面哪个说法(shuōfǎ, statement)是不对的?(　　)

　　A. "我"把箱子和包放在车里了。

　　B. "我"的三个朋友都上车了。

　　C. "我"的车里有衣服、帽子和吃的东西。

(3) "我们"几点到了滑雪场的停车场?(　　)

　　A. 7:30　　　　　　B. 8:30　　　　　　C. 9:30

(4) 今天"我们"滑雪一共滑了多长时间?(　　)

　　A. 两个小时　　　　B. 两个半小时　　　C. 四个半小时

(5) "树上、房子上都白了",这句话是什么意思?(　　)

　　A. 树上和房子上有很多雪。

　　B. 树上和房子上有很多人。

　　C. 树上和房子上没有东西。

(6) "今天我们都很累,<u>不过玩儿得很高兴</u>"中,"不过"是什么意思?(　　)

　　A. 只是　　　　　　B. 可是　　　　　　C. 不是

第13课 请您把姓名和手机号写在这儿
Lesson 13 Please write your name and cell phone number here

2 读短文，连线。
Read the short passage and draw lines to match the times to the activities.

"我"今天的活动：

① 6:00	A. 开车去滑雪场
② 7:00	B. 起床
③ 7:30	C. 到滑雪场
④ 9:30	D. 去接朋友
⑤ 12:00	E. 开车回家
⑥ 4:00	F. 吃东西
⑦ 4:30	G. 坐在雪地上休息

Reading Material 4

在中国办手机卡的时候，营业员常常会让你办一个"手机套餐（tàocān, package）"。"手机套餐"的意思是，每个月花一定的钱，可以得到一定时长（shícháng, duration）的通信服务（tōngxìn fúwù, communication service）。比如（bǐrú, for example），你办一个38元的"手机套餐"，那么，你每个月用38元，就可以打200分钟电话，发100条短信，用30G的网络流量（liúliàng, data）。办一个合适的"手机套餐"可以帮你节省（jiéshěng, to save）不少钱。

现在每家通信公司都有很多种"手机套餐"。最便宜的"手机套餐"只要几块钱，最贵的要几百元。有些人，一般是老人，他们很少上网，每个月只要打几次电话就可以了，就会买最便宜的套餐。有些人工作很忙，总是出差（chūchāi, to be on a business trip），还常常去国外，他们没有网络就不能工作，这些人一般会买贵一点儿的套餐，这样上网和打电话都很方便。还有些"手机套餐"是专门（zhuānmén, specially）为学生服务的。这种"学生套餐"一般都很便宜，通话时长不长，但是上网的流量很多，非常适合学生用。

一般在新年的时候，通信公司会有很多优惠（yōuhuì, preferential）活动，这个时候买"手机套餐"最合适。除了打折以外，通信公司可能会每个月送你更多的通话、上网时间，或者你可以用6个月套餐的钱买到8个月的套餐服务。有时候，通信公司还会送你一些小礼物，比如电影票、超市购物卡。

1 读短文，判断下列句子是否符合短文的内容，符合的画"√"，不符合的画"×"。
Read the short passage and tick the true statements and cross the false ones.

（1）办手机卡的时候一定要买38元的"手机套餐"。　　　（　　）

（2）不常上网的老人一般买便宜的"手机套餐"。　　　（　　）

（3）学生一般用手机打电话少，上网多。　　　（　　）

（4）新年的时候买"手机套餐"总是可以打折。　　　（　　）

（5）通信公司每个月都会送你更多的通话、上网时间。　　　（　　）

2 读短文，回答问题。
Read the short passage and answer the questions.

（1）"手机套餐"是什么意思？

（2）什么人会买贵一点儿的"手机套餐"？

（3）为什么说"学生套餐"很适合学生用？

（4）为什么新年的时候买"手机套餐"最合适？

（5）通信公司一般会送什么礼物？

14 租的比买的便宜多了

Zū de bǐ mǎi de piányi duō le

Renting is much cheaper than buying

Reading Material 1

2021年中外学生新年晚会节目单

1. 舞蹈《新年快乐》
   表演者：汉语专业一年级2班，全班同学

2. 中文歌《朋友》
   表演者：汉语专业二年级3班，麦克

3. 英语话剧"Super Star"(《超级明星》)
   表演者：英语专业二年级3班，全班同学

4. 武术表演《双截棍》
   表演者：汉语专业二年级3班，马丁

5. 汉语话剧《你好，北京》
   表演者：汉语专业三年级1班，全班同学

6. 英文歌"Auld Lang Syne"(《友谊地久天长》)
   表演者：英语专业二年级2班，宋华

7. 钢琴独奏《爱情故事》
   表演者：英语专业二年级1班，王小云

8. 法文歌 "Salade de Fruits"（《水果沙拉》）

   表演者：法语专业二年级1班，张明

9. 汉语话剧《太极拳老师》

   表演者：汉语专业二年级1班，丁力波、林娜、马大为等

1 阅读上面的节目单，选择正确的答案。
Read the programme above and choose the correct answers.

（1）这场新年晚会的表演者是什么人？（   ）

   A. 中国学生　　　B. 外国学生　　　C. 中国学生和外国学生

（2）晚会上的第一个节目是什么节目？（   ）

   A. 跳舞　　　　　B. 唱歌　　　　　C. 话剧

（3）晚会上一共有几个话剧节目？（   ）

   A. 2个　　　　　 B. 3个　　　　　 C. 4个

（4）谁唱英文歌？（   ）

   A. 张明　　　　　B. 宋华　　　　　C. 马丁

（5）麦克跟谁是同班同学？（   ）

   A. 马丁　　　　　B. 张明　　　　　C. 马大为

2 根据上面的节目单，连线。
According to the programme above, draw lines to match the titles to the categories.

①《朋友》	A. 钢琴曲
②《爱情故事》	B. 汉语话剧
③《水果沙拉》	C. 中文歌
④《双截棍》	D. 舞蹈
⑤《太极拳老师》	E. 法文歌
⑥《新年快乐》	F. 武术

第 14 课　租的比买的便宜多了
Lesson 14　Renting is much cheaper than buying

Reading Material 2

在中国，一般工作到 60 岁就可以退休（tuìxiū, to retire）了。以前人们觉得 60 岁以后就是老人了。可是，现在医疗（yīliáo, medical care）和生活（shēnghuó, living）水平都比以前高多了，60 岁的人看起来还很年轻，身体也很好。所以（suǒyǐ, so），现在很多人在 60 岁以后还继续工作，而且工作不比年轻人少。大部分（dàbùfen, most of）人在 60 岁退休以后，有很多时间和精力（jīnglì, energy）做自己喜欢的事。他们有的出国旅游，有的去公园跳舞，还有去学校学习的。中国的很多地方都有老年大学，就是为退休的人办的学校。老年大学里有很多有意思的课，有唱歌、跳舞、太极拳、摄影、英语、写作、书法、画画儿等。退休的人不需要考试，就可以参加老年大学。老年大学的学费（xuéfèi, tuition fees）也比一般的大学便宜多了。他们在这里可以学习新的东西，也可以认识新的朋友。老年大学比年轻人的学校还热闹呢。

1 读短文，判断下列句子是否符合短文的内容，符合的画"√"，不符合的画"×"。
Read the short passage and tick the true statements and cross the false ones.

（1）在中国，一般 60 岁以后就可以不工作了。　　　　　　　（　　）

（2）现在 60 岁的人身体比年轻人好多了。　　　　　　　　　（　　）

（3）有些人退休以后喜欢出国旅游。　　　　　　　　　　　　（　　）

（4）老年大学的学费比一般的大学贵。　　　　　　　　　　　（　　）

（5）退休的人在老年大学可以学习自己喜欢的东西。　　　　　（　　）

2 读短文，选词填空。
Read the short passage and choose the correct word to fill in each blank.

| 年轻 | 上课 | 退休 | 工作 | 便宜 |
| 热闹 | 朋友 | 水平 | 太极拳 | 有意思 |

（1）现在医疗和生活_____比以前高，60 岁的人看起来比以前的人_____，身体也比以前的人好。

（2）有的人60岁以后就_____了，也有人60岁以后还在_____。

（3）很多人退休以后去老年大学_____，学习新的东西，认识新的_____。

（4）老年大学里有很多_____的课，比如唱歌、跳舞、_____等。

（5）老年大学比年轻人的学校还_____，学费也比一般的大学_____。

Reading Material 3

小云昨天在商店里买了一件蓝色（lánsè, blue）的衬衫。她回家试了以后，觉得这件衬衫的颜色浅了点儿，跟她新买的裙子不太搭配（dāpèi, to match）。今天她又去了商店，想把这件浅蓝色的衬衫退（tuì, to return）了。

营业员很热情（rèqíng, cordial），对她说："您想退这件衬衫？没问题，我来帮您！对了，您为什么要退呢？"小云告诉她这件衬衫的颜色太浅，跟她的裙子不搭配。营业员听完说："那您的裙子是什么颜色的？我帮您再选一件合适的衬衫吧。"说完，她就找来了几件深色的衬衫，请小云试穿。小云试了一件深蓝色的衬衫，觉得跟她的新裙子特别搭配，就说："我退了这件浅蓝的，买这件深蓝的吧。"营业员说："没问题，我来帮您。对了，这件浅蓝色的衬衫式样真不错，而且（érqiě, moreover）这是今年的流行色（liúxíngsè, popular colour）。如果您搭配一条合适的裙子，一定特别漂亮。"说完，她又找来了几条裙子，让小云试穿。小云穿上那件浅蓝色的衬衫和一条白色的裙子，觉得真的很合适，就说："好吧，这件衬衫不用退了，这条裙子我也要了。"营业员高兴地说："没问题，我来帮您！对了……"小云没等她说完，就说："好的，好的，谢谢您！我得走了，现在就付钱吧。"

第 14 课　租的比买的便宜多了

Lesson 14　Renting is much cheaper than buying

1　读短文，选择正确的答案。

Read the short passage and choose the correct answers.

（1）小云昨天买了什么衣服？（　　）

　　A. 一条浅蓝色的裙子

　　B. 一件浅蓝色的衬衫

　　C. 一件深蓝色的衬衫

（2）小云今天为什么去商店？（　　）

　　A. 她想再买两件衣服。

　　B. 她想换一件衬衫。

　　C. 她想把那件浅蓝色的衬衫退了。

（3）小云今天又买了什么衣服？（　　）

　　A. 两件衬衫　　　　B. 两条裙子　　　　C. 一件衬衫和一条裙子

（4）小云为什么买深蓝色的衬衫？（　　）

　　A. 跟她的裙子很搭配

　　B. 式样比浅蓝色的好

　　C. 深蓝色是流行色

（5）这个营业员怎么样？（　　）

　　A. 很会卖衣服　　　B. 很想帮小云退衣服　　C. 很喜欢蓝色

2　读短文，根据小云的活动给下面的句子排序。

Read the short passage and arrange the following actions in order.

A. 买了一件深蓝色的衬衫

B. 试了白色的裙子

C. 觉得不能再听营业员说话了

D. 想退浅蓝色的衬衫

E. 不想退浅蓝色的衬衫了，还买了白色的裙子

　　　　D　　→　　　　　→　　　　　→　　　　　→

Reading Material 4

我是记者陆雨平。今天我采访了一位话剧演员（yǎnyuán, actor）。

他叫张白，是人民话剧团的演员。张白在大学学习表演专业。刚毕业（bìyè, to graduate）的时候，他很想演电影。他在几个电影中演过一些小角色（juésè, role），可是他觉得自己演电影可能不会有很大的发展，就想换一个工作。后来，他的老师介绍他去人民话剧团工作，做一名专业的话剧演员。现在他已经演了十年话剧了。他很喜欢话剧表演。他说，看电影的观众比看话剧的观众多，所以电影演员一般比话剧演员有钱，也比话剧演员有名，可是话剧演员的表演水平不比电影演员差。很多演员都觉得演话剧比演电影难，因为话剧演员是在舞台（wǔtái, stage）上表演，上了舞台以后就不能停，演错了也不能再来一遍。所以，演话剧一定要记住（jìzhù, to remember）所有（suǒyǒu, all）的台词，用自己的声音说台词。在上台表演以前，演员们必须练习很多遍，不断（búduàn, constantly）地提高自己的表演水平。

很多演员也觉得演话剧比演电影更有意思。在表演话剧的时候，演员可以看到舞台下边的观众。如果观众很喜欢他们的表演，演员马上就会知道，他们会表演得更好。张白说，他辛苦地练习表演就是为了观众，每次看到观众喜欢他的表演，他就会觉得自己是最幸福的人，付出（fùchū, to pay）多少辛苦都没有关系，这是话剧带给他的最大的快乐。

1 根据短文内容，为左边的词语找到合适的解释并连线。

According to the short passage, draw lines to match the words on the left to the explanations on the right.

① 话剧团	A. 表演时要说的话
② 观众	B. 快乐
③ 台词	C. 一定要
④ 必须	D. 看表演的人
⑤ 幸福	E. 表演话剧的人工作的地方

第 14 课　租的比买的便宜多了

Lesson 14　Renting is much cheaper than buying

2　读短文，回答问题。

Read the short passage and answer the questions.

（1）张白刚毕业的时候做什么工作？后来为什么换了工作？

_____

_____

（2）为什么电影演员一般比话剧演员有钱、有名？

_____

_____

（3）张白觉得话剧演员的表演水平怎么样？

_____

_____

（4）演话剧比演电影容易吗？为什么？

_____

_____

（5）张白觉得演话剧快乐吗？为什么？

_____

_____

15 Zhōngguóhuà gēn yóuhuà bù yíyàng
中国画 跟 油画 不一样
Chinese paintings and oil paintings are different

Reading Material 1

简述
展览日期　2020年5月1日—2020年5月25日
展览馆　　PALACE名堂艺术生活馆（中国 北京市）
艺术家　　钟纲
主办方　　成都百家百城文化艺术有限公司

1　看图回答问题。
　　Look at the picture and answer the questions.

（1）这是一个什么展览？
_____

· 27

（2）这个展览哪天开始？

_____

（3）这个展览哪天结束（jiéshù, to end）？

_____

（4）这个展览在什么地方？

_____

2 请你结合以下信息，制作一张纸质海报或电子海报。
Based on the following information, make a poster or e-poster.

京北大学的"K歌之王"学生卡拉OK大赛将于12月23日晚七点到十点在校体育馆一层举行。本校教职工和学生的票价为30元一张，校外人员的票价为50元一张。

Reading Material 2

我很喜欢油画，从五岁就开始学习画油画，已经画了十五年了。来中国以后，我也开始喜欢中国画了，特别是花鸟画。

我觉得中国画跟油画一样美。当然，它们也有很多不一样的地方。第一，它们用的材料（cáiliào, material）不一样。中国画用墨和水，油画用油彩。第二，它们用的工具（gōngjù, tool）不一样。中国画用毛笔和宣纸（xuānzhǐ, Xuan paper）。油画用铅笔、笔刷（bǐshuā, brush）和画布（huàbù, canvas）。第三，它们画的内容（nèiróng, content）不一样。中国画主要是关于（guānyú, about）自然的，油画主要是关于人物（rénwù, figure）的。最后，在中国画上还可以有书法，但是在油画上很少有字。

1 读短文，选择正确的答案。
Read the short passage and choose the correct answers.

（1）"我"喜欢油画，（　　）喜欢中国画。

    A. 和　　　　　　B. 也　　　　　　C. 又

（2）"我"从五岁开始学习（　　）。

　　A. 画中国画　　　　B. 中国书法　　　　C. 画油画

（3）油画要用（　　）画。

　　A. 毛笔、墨水和纸　　B. 笔刷、油彩和画布　　C. 铅笔、墨水和画布

（4）"我"特别喜欢中国画的（　　）。

　　A. 山水画　　　　B. 人物画　　　　C. 花鸟画

（5）下边的句子，哪个是对的？（　　）

　　A. 中国画跟油画一样美。

　　B. 中国画跟油画的内容都是关于人物的。

　　C. 油画上常常有字，中国画上有书法。

2 下面给出的图片是中国画还是油画？为什么？

Look at each picture below. Is it a Chinese painting or an oil painting? Why?

Reading Material 3

今天我和好朋友林娜一起去中国国家（guójiā, nation）博物馆参观了。展览是免费（miǎnfèi, for free）的，但是要提前（tíqián, in advance）在网上预约（yùyuē, to book），外国人可以用护照预约。博物馆的参观时间是从上午9点到下午4点半。

我们中午吃完饭后，坐地铁1号线在天安门东站下车，然后走了10分钟左右就到了。我们到的时候已经1点半了。国家博物馆非常大，我和林娜都对中国古代文化（gǔdài wénhuà, ancient culture）感兴趣，所以先去了"古代中国"展厅（zhǎntīng, exhibition hall）。特别幸运（xìngyùn, lucky）的是，那里正在（zhèngzài, in the process of）举办（jǔbàn, to hold）"中国古代书画展"，我们看到了很多有名的中国画和书法作品。4点左右，我们在B1层的咖啡厅坐下来休息了一会儿。虽然（suīrán, although）没有参观完，很多东西还不太懂，但是我们觉得收获（shōuhuò, gain）很大，我们决定以后有时间再来。

1 读短文，判断下列句子是否符合短文的内容，符合的画"√"，不符合的画"×"。
Read the short passage and tick the true statements and cross the false ones.

（1）博物馆不用护照就可以预约。　　　　　　　　　　　　（　　）

（2）下午4点半以后不可以进博物馆参观。　　　　　　　　（　　）

（3）我们坐了10分钟地铁就到了。　　　　　　　　　　　　（　　）

（4）"古代中国"展厅在B1层。　　　　　　　　　　　　　（　　）

（5）"我"和林娜不太喜欢中国书法。　　　　　　　　　　（　　）

（6）今天参观的作品"我们"都看懂了。　　　　　　　　　（　　）

第15课 中国画跟油画不一样
Lesson 15 Chinese paintings and oil paintings are different

2 读短文，填空。
Read the short passage and fill in the blanks.

我和林娜一起去中国国家博物馆了。我们先在_____用_____预约。今天中午，我们坐_____1号线在_____站下车，走了大概_____就到了。我们都喜欢中国古代文化，所以先去了"_____"展厅。那里正在举办"中国古代_____"，我们看到了很多有名的_____。最后，我们在B1层的_____休息了一会儿。

Reading Material 4

徐悲鸿的故事

二十世纪（shìjì, century）二十年代（niándài, decade），在法国巴黎卢浮宫（Bālí Lúfú Gōng, Louvre in Paris）里，人们常常可以看见一位中国的年轻人在那里画画儿。有时（yǒushí, sometimes）他一画就是十几个小时。这个年轻人就是徐悲鸿。

徐悲鸿从小（cóngxiǎo, since childhood）就非常喜欢美术，九岁开始跟他爸爸学中国画。有一次，爸爸的一个朋友从法国回来，带来了巴黎卢浮宫的许多有名（yǒumíng, famous）的画的复制品（fùzhìpǐn, replica）。徐悲鸿对这些画特别感兴趣，他希望（xīwàng, to hope）能早日去巴黎看看这些名画。1919年，徐悲鸿终于（zhōngyú, finally）来到了法国巴黎。

徐悲鸿爱画动物（dòngwù, animal），尤其爱画马。他画的《奔马图》特别有名。站（zhàn, to stand）在这幅画前，人们看着飞奔的马，就好像听到了马蹄声（mǎtíshēng, sound of a horse's hoofs）。人们觉得他画的马都像真的一样。

徐悲鸿真是一位伟大（wěidà, great）的画家！

（节选自暨南大学华文学院《中文》第八册第十课，有较大改动）

1 请选择可替换文中画线部分的词语。

Choose the appropriate substitutes for the underlined words in the passage.

（1）美术（　　）

　A. 美国　　　　B. 画画儿　　　　C. 兴趣

（2）许多（　　）

　A. 很多　　　　B. 多少　　　　C. 多大

（3）早日（　　）

　A. 早上　　　　B. 白天　　　　C. 早一点儿

（4）尤其（　　）

　A. 特别　　　　B. 很　　　　C. 非常

（5）飞奔（　　）

　A. 很快地走　　　　B. 很快地跑　　　　C. 快乐地跑

2 读短文，回答问题。

Read the short passage and answer the questions.

（1）徐悲鸿在法国巴黎卢浮宫里做什么？

_____

（2）徐悲鸿从多大开始跟爸爸学中国画？

_____

（3）爸爸的朋友从法国带回来了什么？

_____

（4）为什么徐悲鸿希望去巴黎？

_____

（5）徐悲鸿最爱画什么动物？

_____

（6）为什么人们看到徐悲鸿画的马就好像听到了马蹄声？

_____

16 我是五岁开始学游泳的
It was at age five that I first learned to swim

Reading Material 1

少儿（7~14岁）游泳培训

班型	一对一	小班课（2~8人）	大班课（9~15人）
开课时间	4月5日	4月6日	4月8日
上课时间	每次课60分钟 共12次课 提前（tíqián, in advance）两天预约教练	星期二 18:00~19:00 共12次课	星期四 17:30~18:30 共12次课

1 阅读上表，回答问题。
Read the table above and answer the questions.

（1）多大的孩子可以参加这些游泳班？

（2）"一对一"什么时间上课？

（3）明明今年8岁了，他们班的12个男生想一起学游泳。他们应该参加哪个游泳班？

（4）"小班课"是哪天开始上课？

（5）"大班课"每个星期几上课？

2 下面是新新的爸爸和游泳教练的聊天记录。请你结合阅读材料，为新新推荐一个合适的游泳班。

Below is a chat between Xinxin's father and a swimming coach. Read Material 1 and recommend a suitable class for Xinxin.

> 教　　练：您好！
> 新新爸爸：您好！我的女儿叫新新。她想和她的好朋友一起学游泳。
> 教　　练：请问，新新今年多大了？
> 新新爸爸：9岁了。她晚上还有数学课和英语课，只有星期二晚上有时间。

新新应该参加＿＿＿＿＿＿＿＿＿＿＿＿＿＿＿＿。

Reading Material 2

来中国以后，我比以前胖了不少，因为中国菜太好吃了，我每天吃得很多，但是很少运动。我发现（fāxiàn, to find）我从美国带来的衣服都变小了，我决定开始减肥。我是半年以前开始学游泳的。现在我每周去两次游泳馆，一次游一个小时。学校的游泳馆又好又便宜，我还认识了很多喜欢游泳的朋友。他们有的人是从小跟父母学的游泳，有的是跟我一样，在游泳班跟教练学的。我还听了教练的话，少吃米饭和面食，多吃鸡肉和蔬菜（shūcài, vegetable）。现在我又可以穿我以前的衣服了！最近，很多人看见我都会说"你瘦（shòu, thin）了！"，我听了特别高兴。

1 读短文，判断下列句子是否符合短文的内容，符合的画"√"，不符合的画"×"。

Read the short passage and tick the true statements and cross the false ones.

（1）"我"最近胖了。　　　　　　　　　　　　　　　　（　　）

（2）学校的游泳馆又好又便宜，所以"我"决定学游泳。（　　）

（3）"我"每周去一次游泳馆，每次游两个小时。　　（　　）

（4）"我"是跟教练学的游泳。　　　　　　　　　　　（　）

（5）"我"不吃米饭和面食，只吃鸡肉和蔬菜。　　　　（　）

2 读短文，填空。
Read the short passage and fill in the blanks.

来中国以后，因为中国菜_____，我吃得_____，但是_____运动，所以我比以前_____了很多，我从美国带来的_____都变小了，我决定_____。我是半年以前开始学_____的，现在我每周去两次游泳馆，每次游一个小时。学校的游泳馆又_____又_____，在那里，我还认识了很多朋友。我还听了教练的话，_____鸡肉和蔬菜，_____米饭和面食。现在我又可以穿我_____的衣服了！

Reading Material 3

我是一个篮球（lánqiú, basketball）迷，我喜欢打篮球，也喜欢看篮球比赛。

我是九岁开始跟我哥哥学打篮球的。上大学以后，我参加了学校的篮球队。我们每天下课以后练习，每个学期（xuéqī, semester）都要参加很多比赛，虽然很累，但是我很快乐。打篮球不但（búdàn, not only）对身体好，而且（érqiě, but also）可以让人心情（xīnqíng, mood）愉快。

我还喜欢看篮球比赛。以前常常在电视上看，现在上网很方便，所以我常常在手机上看比赛。昨天晚上我就看了一场精彩的比赛，是北京队跟上海队打的。我觉得输赢不重要，队员们都表现（biǎoxiàn, to perform）得特别好，我也学到了很多。明天下午我也有一场比赛，希望（xīwàng, to hope）我跟队友（duìyǒu, teammate）们也能表现出色。

1 读短文，选择正确的答案。
Read the short passage and choose the correct answers.

（1）"我"是一个（　　）。

A. 足球迷　　　　B. 篮球迷　　　　C. 排球迷

（2）我是（　　）开始打篮球的。

A. 7岁　　　　　B. 9岁　　　　　C. 5岁

（3）"可以让人心情愉快"中的"愉快"是什么意思？（　　）

A. 快乐　　　　　B. 喜欢　　　　　C. 很快

（4）我现在常常在（　　）看比赛。

A. 电视上　　　　B. 手机上　　　　C. 晚上

（5）"表现出色"中的"出色"是什么意思？（　　）

A. 特别好　　　　B. 一般　　　　　C. 正常（zhèngcháng, normal）

2 读短文，判断下列句子是否符合短文的内容，符合的画"√"，不符合的画"×"。
Read the short passage and tick the true statements and cross the false ones.

（1）"我"喜欢打篮球，不喜欢看比赛。　　　　　　　　　　（　　）

（2）"我"是跟教练学习的打篮球。　　　　　　　　　　　　（　　）

（3）每个学期"我"都有很多比赛，但是我不累。　　　　　　（　　）

（4）打篮球让"我"心情愉快。　　　　　　　　　　　　　　（　　）

（5）昨天晚上的比赛非常精彩，北京队赢了。　　　　　　　（　　）

（6）"我"明天晚上有一场比赛，我希望能打得特别好。　　（　　）

Reading Material 4

我的女儿

我的女儿多多今年7岁了，上小学二年级。多多是个又漂亮又可爱的小孩儿，老师和同学们都很喜欢她。

第 16 课　我是五岁开始学游泳的
Lesson 16　It was at age five that I first learned to swim

　　她的爱好<u>可</u>多了，画画儿、跳舞、弹钢琴、游泳和打乒乓球，她都喜欢。她最喜欢的是跟爸爸一起看足球比赛。她爸爸是一个<u>超级</u>足球迷，每个星期都要看足球比赛，有时候比赛的时间是早上两点，她爸爸也会<u>熬夜</u>看。

　　多多喜欢帮助同学，也很大方（dàfang, generous），有好的东西常常跟朋友们<u>分享</u>，她觉得<u>分享</u>是一件快乐的事。

　　这就是我的女儿，一个漂亮、可爱、<u>乐于助人</u>的小女孩儿。快来和她交朋友吧。

1 请选择与文中画线部分意思相近的词语或者短语。
Choose the correct meaning for each underlined word or phrase.

（1）她的爱好<u>可</u>多了。（　　）

　　A. 可以　　　　B. 可能　　　　C. 特别

（2）她爸爸是一个<u>超级</u>足球迷。（　　）

　　A. 非常喜欢足球的人

　　B. 非常会踢足球的人

　　C. 喜欢看比赛的人

（3）她爸爸也会<u>熬夜</u>看。（　　）

　　A. 晚上不睡觉　　B. 早上不起床　　C. 白天不睡觉

（4）有好的东西常常跟朋友们<u>分享</u>，她觉得<u>分享</u>是一件快乐的事。（　　）

　　A. 自己分　　　B. 一起用　　　C. 比分

（5）一个漂亮、可爱、<u>乐于助人</u>的小女孩儿。（　　）

　　A. 喜欢帮助别人　　B. 喜欢音乐的人　　C. 特别快乐的人

2 读短文，把下列句子补充完整。

Read the short passage and complete the following sentences.

（1）我的女儿又_____又_____，老师和同学们都很喜欢她。

（2）多多的爱好_____，她最喜欢_____。

（3）多多的爸爸有时候会熬夜，因为他想_____。

（4）多多觉得_____是一件快乐的事。

17 Nǐ kànguo jīngjù méiyǒu
你看过京剧没有
Have you ever seen Beijing opera

Reading Material 1

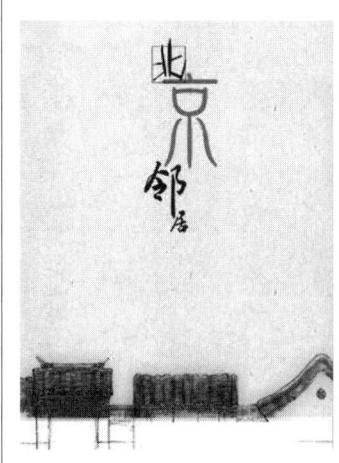

演出时间：2021.04.01～2021.04.03

演出剧场：国家大剧院

演出时长：预计 19:30～21:30（无中场）

特惠信息：会员 9 折；学生票 5 折

日期/场次：2021.04.01　2021.04.02　2021.04.03
　　　　　　周四 19:30　　周五 19:30　　周六 19:30

商品价格：80 元　180 元　280 元　380 元　480 元　580 元

1 读演出信息，判断下列句子是否符合信息的内容，符合的画"√"，不符合的画"×"。
Read the performance information and tick the true statements and cross the false ones.

（1）看话剧《北京邻居》一共要 3 个小时。　　　　　　　（　　）

（2）看话剧《北京邻居》中间可以休息 30 分钟。　　　　　（　　）

（3）可以买学生票。　　　　　　　　　　　　　　　　　（　　）

（4）会员买票可以打五折。　　　　　　　　　　　　　　（　　）

（5）星期日话剧《北京邻居》没有演出。　　　　　　　　（　　）

2 读演出信息，回答问题。
Read the performance information and answer the questions.

（1）话剧《北京邻居》一共演出几天？

（2）话剧《北京邻居》在哪儿演出？

（3）话剧《北京邻居》几点开始开始？几点结束？

（4）你觉得"无中场"是什么意思？

（5）马大为和林娜都是大学生，两个人用学生证买180元的票，一共要多少钱？

Reading Material 2

星期三晚上宋华用微信给林娜发消息。

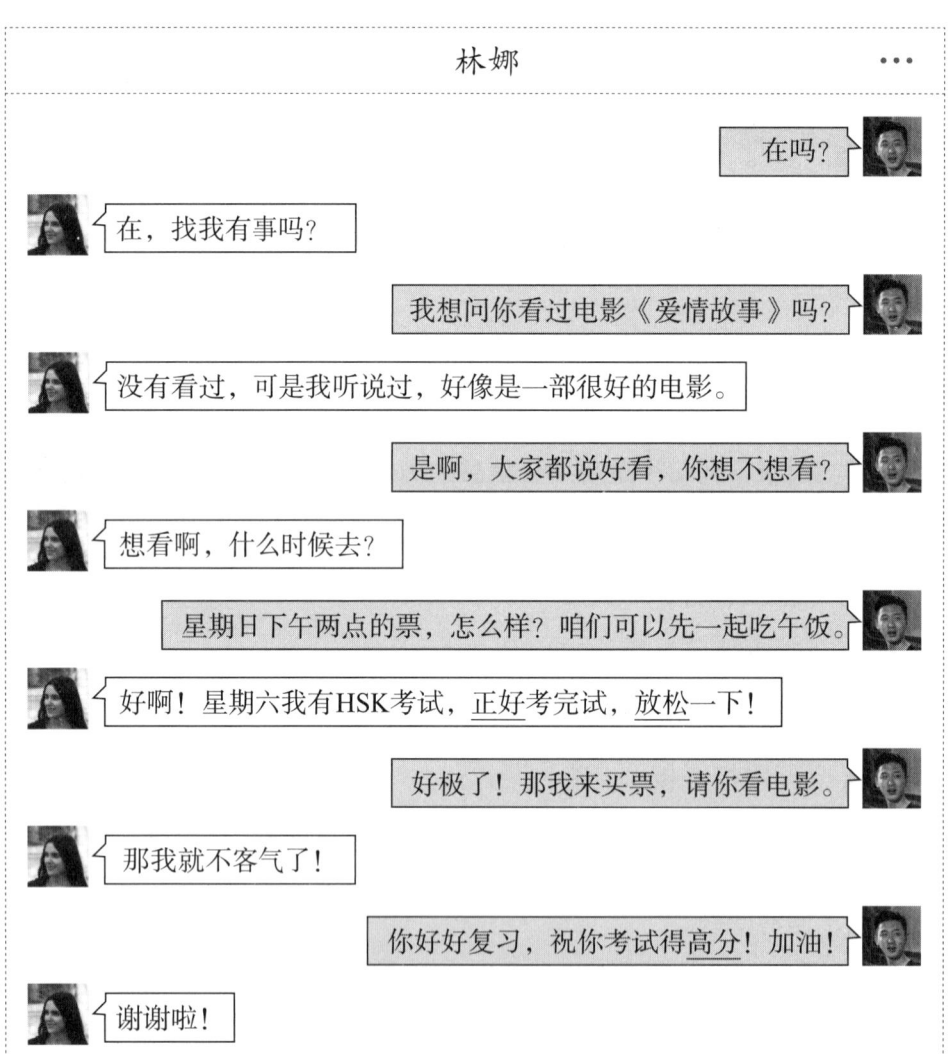

第17课　你看过京剧没有
Lesson 17　Have you ever seen Beijing opera

1 读对话，判断下列句子是否符合对话的内容，符合的画"√"，不符合的画"×"。
Read the dialogue and tick the true statements and cross the false ones.

（1）林娜给宋华发消息。　　　　　　　　　　　　（　　）

（2）宋华看过电影《爱情故事》。　　　　　　　　（　　）

（3）林娜星期日有 HSK 考试。　　　　　　　　　　（　　）

（4）林娜和宋华都听说电影《爱情故事》很好看。　（　　）

（5）林娜和宋华决定星期六下午两点看电影《爱情故事》。（　　）

2 请你猜猜下列生词的意思，并查词典确认。
Please guess the meanings of the following new words and confirm your guess by consulting a dictionary.

（1）正好 (zhènghǎo) _____

（2）放松 (fàngsōng) _____

（3）高分 (gāofēn) _____

Reading Material 3

　　来中国已经八个月了，我学习了很多中文词语，还参加了学校的很多活动，参观过博物馆，看过杂技，爬过长城。上个星期六，学校组织我们去国家大剧院看京剧表演。我以前去天安门的时候，看到过国家大剧院，很漂亮，但是没进去。这次可以坐在里面看京剧，我真是太高兴了！

　　虽然听不懂演员们唱的是什么，但是我特别喜欢演员脸上化的妆（化妆，huàzhuāng, to put on make-up）。老师告诉我们，那是脸谱。京剧演员们都是自己画自己的脸谱，每次都要画很长时间，很不容易。他们的脸谱有<u>各种各样</u>的颜色，有红色、黑色、白色、绿色、金色、蓝色，不同（bùtóng, different）的颜色表示（biǎoshì, to represent）不同的意思。白色常常是坏人，红色一般是好人。不同的人物也会有不同的脸谱。这些都太有意思了！

1 读短文，判断下列句子是否符合短文的内容，符合的画"√"，不符合的画"×"。
Read the short passage and tick the true statements and cross the false ones.

（1）"我"是来中国旅行的。　　　　　　　　　　　　　（　　）

（2）学校组织了很多活动，有看京剧、看杂技。　　　（　　）

（3）"我"以前自己去过国家大剧院。　　　　　　　　（　　）

（4）"我"听不懂京剧，所以不喜欢京剧。　　　　　　（　　）

（5）京剧演员的脸谱是自己画的。　　　　　　　　　（　　）

（6）红色的脸谱一般是坏的。　　　　　　　　　　　（　　）

2 读短文，回答问题。
Read the short passage and answer the questions.

（1）"我"参加过学校组织的哪些活动？

_____

（2）"我"是什么时候看的京剧表演？

_____

（3）"我"是在哪儿看的京剧表演？

_____

（4）关于（guānyú, about）京剧，"我"最喜欢的是什么？

_____

（5）"他们的脸谱有<u>各种各样</u>的颜色"中的"各种各样"是什么意思？

_____

Reading Material 4

《红楼梦》里的爱情故事

中国古典小说《红楼梦》里写了一个优美（yōuměi, beautiful）、悲伤（bēishāng, sad）的爱情故事。

第17课　你看过京剧没有
Lesson 17　Have you ever seen Beijing opera

　　故事里的男主角叫贾宝玉，是在有钱的人家里出生的。他很聪明。女主角是一个非常漂亮的姑娘，叫林黛玉，她从自己家来到贾家生活（shēnghuó, to live）。她比贾宝玉小一岁，看过很多书，写诗（shī, poem）写得很好，还会画画儿。他们每天一起吃饭，还一起看书、写诗、画画儿。他们很相爱（xiāng'ài, to be in love）。可是贾宝玉的奶奶和爸爸妈妈不让他们结婚。贾宝玉生病的时候，奶奶骗（piàn, to deceive）了他，让他跟别的姑娘结了婚。就在贾宝玉结婚的时候，林黛玉在自己的卧室（wòshì, bedroom）里把她写给贾宝玉的诗都烧（shāo, to burn）了，还把贾宝玉送给自己的礼物也烧了。她哭（kū, to cry）了一天，悲伤而死。林黛玉死了以后，贾宝玉到她住的地方去过很多次，每次都悲伤极了。他回忆（huíyì, to recall）他们的每一次相聚（xiāngjù, to be together），回忆他们有过的快乐。他不愿意和那个跟他结婚的姑娘一起生活。故事的最后他离开了家。

1 读短文，判断下列句子是否符合短文的内容，符合的画"√"，不符合的画"×"。
Read the short passage and tick the true statements and cross the false ones.

（1）林黛玉跟贾宝玉一样大。　　　　　　　　　　（　　）

（2）贾宝玉想跟林黛玉结婚，但是他的奶奶不同意。　（　　）

（3）贾宝玉跟别的姑娘结婚了。　　　　　　　　　　（　　）

（4）林黛玉是和贾宝玉一起死的。　　　　　　　　　（　　）

（5）贾宝玉结婚以后，生活得很快乐。　　　　　　　（　　）

2 根据短文内容，为下面的句子排序。

According to the short passage, arrange the following sentences in order.

A. 林黛玉跟贾宝玉一起吃饭，还一起看书、写诗、画画儿。

B. 贾宝玉离开了家。

C. 贾宝玉跟别的姑娘结了婚。

D. 林黛玉来到了贾宝玉的家。

E. 林黛玉把贾宝玉送给她的礼物烧了。

F. 贾宝玉的奶奶和爸爸妈妈不同意他们结婚。

G. 林黛玉悲伤极了，所以死了。

___D___ → _____ → _____ → _____ → _____ → _____

→ _____

18 Wǒmen páshàng Chángchéng lai le
我们爬上 长城 来了
We have climbed up the Great Wall

Reading Material 1

1 根据上面的时刻表，判断下列句子的内容是否正确，正确的画"√"，不正确的画"×"。
Read the timetable above and tick the true statements and cross the false ones.

（1）北京到泰安坐高铁大概需要两个小时。　　　　（　　）

（2）北京到泰安最快的高铁不到两个小时。　　　　（　　）

· 45

（3）北京到泰安的高铁票价格都一样。　　　　　　　　（　　）

（4）时间最短的高铁不是最早的。　　　　　　　　　　（　　）

（5）上午到泰安的高铁比下午到的多。　　　　　　　　（　　）

（6）去泰安的高铁不是都从北京南站出发。　　　　　　（　　）

2 根据上面的时刻表，回答问题。
According to the timetable above, answer the questions.

（1）你明天上午9:30才下课，所以从北京去泰安哪些车次一定不能选？

_____

（2）如果想不到两个小时就到泰安，可以选哪些车次？

_____

（3）你想吃了午饭再坐高铁，在16:30以前到达泰安，可以选哪些车次？

_____

（4）你有个泰安的朋友会去接你，不过，这个朋友只有下午五点到六点之间有空，你可以选哪些车次？

_____

Reading Material 2

上个月，我跟几个朋友去爬山。

这座山不好爬，山路上有石子（shízǐ, gravel），地上都是落叶（luòyè, fallen leaves），走起来有点儿滑（huá, slippery）。所以，爬一会儿，我们就要停下来休息一下儿。爬到一半的时候，我们看到了一种虫子（chóngzi, insect），虽然很小，但是听说它叫"臭屁虫"，一碰（pèng, to touch）它，它就会放出很大的臭气（chòuqì, stink）。我们可不想碰它，还是继续爬山吧。

终于爬到了山顶，青山绿水，花儿遍地，小鸟歌唱，景色优美得像一幅花鸟画。最美的风景原来（yuánlái, it turns out...）就在我们身边，真是"远在天边，近在眼前"啊。一个朋友还想到了一首著名的风景诗，大家一起背（bèi, to recite）了一遍，真是又热闹又高兴。

　　风景欣赏了，美味也吃了，我们也该下山去了。以前常常听说"上山容易，下山难"，可是我觉得"上山难，下山容易"，因为我找到了一根（gēn, a measure word for sticks）棍子。有了它，我就不会停不住，一直跑下去了。

1 读短文，选择正确的答案。
Read the short passage and choose the correct answers.

（1）山上（　　），所以不好爬。
　　A. 有石子　　　　B. 落叶多　　　　C. A 和 B

（2）（　　）的时候，我们看到了"臭屁虫"。
　　A. 休息　　　　　B. 爬到一半　　　C. 停下来

（3）一（　　）"臭屁虫"，它就会放出臭气。
　　A. 背　　　　　　B. 碰　　　　　　C. 滑

（4）下面哪个不是这座山上的？（　　）
　　A. 一幅花鸟画　　B. 花儿　　　　　C. 小鸟

（5）哪句话是说这座山的风景很美的？（　　）
　　A. 远在天边，近在眼前
　　B. 上山容易，下山难
　　C. 像一幅花鸟画

（6）一根棍子让我觉得下山容易，因为（　　）。
　　A. 我会一直跑下去　　B. 我不会停不住　　C. 我该下山了

2 读短文，填空。
Read the short passage and fill in the blanks.

　　上个月，我和朋友去爬山。_____路上有石子和_____，走_____有点儿滑，所以不好爬。我们爬一会儿，就停_____休息一下儿。我们在路上看到了一种_____，人一碰它，它就放出臭气。我们爬到了山顶，那里的风景_____极了，我们还背了一首风景诗。真是又_____又高兴的一天！

Reading Material 3

　　林娜和大为打算一起去海南旅行，他们已经预订好了机票。大为没想到林娜要带两个大箱子，他说林娜快把宿舍都搬到海南去了。林娜说，北方和南方气温不一样，虽然现在北京是零下10度左右，但是海南还是零上20多度。所以，她要多带一些漂亮的衣服去拍照，还要把照片让朋友们也欣赏一下儿。

　　坐了四个多小时的飞机，他们终于到了海南。一下子从冬天来到了夏天，暖和的天气让林娜和大为觉得特别舒服。在海南的几天，他们没有离开过大海。大为最喜欢海上运动，他游泳、冲浪、潜水，每天都在外面，黑了不少。林娜虽然也在海边，但是不会游泳，她就吃小吃和水果。著名的海南鸡饭真好吃。海南的水果不但种类（zhǒnglèi, variety）丰富，而且特别便宜，林娜每天都买几大包，比吃饭吃得还多。他们两个人在海南做的事不一样，可是都玩儿得非常快乐。

　　回到北京以后，朋友们都觉得林娜胖了，大为瘦（shòu, thin）了。"你把大为的饭吃了吗？"朋友们开玩笑地问林娜。

1 读短文，选择正确的答案。

Read the short passage and choose the correct answers.

（1）大为觉得林娜要把宿舍搬到海南去了，是因为林娜（　　）。

　　A. 带的箱子多　　　　B. 带的照片多　　　　C. 预订了机票

（2）现在海南比北京的气温高（　　）多度。

　　A. 10　　　　　　　　B. 20　　　　　　　　C. 30

第 18 课　我们爬上长城来了
Lesson 18　We have climbed up the Great Wall

（3）林娜打算让谁欣赏她在海南拍的照片？（　　　）

　　　A. 一起工作的人　　　B. 爸爸妈妈　　　C. 朋友

（4）"一下子从冬天来到了夏天，暖和的天气让林娜和大为觉得特别舒服。"这句话中的"一下子"是什么意思？

　　　A.（来）一下儿　　　B. 特别快　　　C. 一下来

（5）在海南，林娜和大为一直在（　　　）。

　　　A. 海边　　　B. 上海　　　C. 酒店

（6）"你把大为的饭吃了吗？"朋友们说这句话是觉得（　　　）。

　　　A. 林娜吃得多　　　B. 林娜不喜欢大为　　　C. 林娜胖了

2 根据短文内容，按顺序排列下面的句子。
According to the short passage, arrange the following sentences in order.

A. 在海南的几天，大为一直在外边运动，林娜吃小吃和水果。

B. 回北京以后，朋友说，大为瘦了，林娜胖了。

C. 他们坐了 4 个多小时的飞机。

D. 到了海南，他们觉得天气非常暖和，特别舒服。

E. 林娜和大为订好了机票，打算去海南旅行。

F. 林娜要带两个大箱子，里边有很多漂亮的衣服。

　　　E　→ _____ → _____ → _____ → _____ → _____

Reading Material 4

　　快要放假了，玛丽打算去旅游。不过，她还没想好去哪儿，想听听王小云的建议。

　　因为知道玛丽对中国文化感兴趣，所以王小云觉得她可以在北京游览长城、故宫、天坛，也可以去西安参观兵马俑，还可以去孔子的故乡看看，那儿离（lí, to be away from）泰安不远，泰安有中国第一山——泰山，看完历史（lìshǐ, history）文化，还能去爬山。

玛丽觉得这些文化名城都值得（zhídé, to be worth）去，可是它们都在北方，冬天中国的北方有点儿冷。王小云说，那可以去南方，南方的风景也非常好。上海的外滩夜景美极了，苏州是"水乡"，杭州有西湖，再往南边，桂林山水甲天下，广州暖和得像春天一样，更南边的海南，简直（jiǎnzhí, absolutely）就是夏天了，人们都在海边玩儿，在海里游泳。

听了王小云的介绍，玛丽觉得这些地方都不错，都有自己的特色，她还是不能决定去哪儿。

"对了，小云，哪个地方的小吃最多，最有名？"玛丽突然想到了这个重要的问题。

"哈哈，哪个城市都有不少有名的、好吃的小吃，<u>都能让你吃个够</u>。"小云笑着说。

"好吧。那就从北京小吃开始吧。走，咱们现在就去王府井。"玛丽说。

1 读短文，判断下列句子是否符合短文的内容，符合的画"√"，不符合的画"×"。
Read the short passage and tick the true statements and cross the false ones.

（1）玛丽没想好去哪儿旅游，因为她想去的地方很多。　　　　（　　）

（2）北京、西安、孔子的故乡这几个地方都是中国的文化名城。（　　）

（3）中国第一山——泰山，就在孔子的故乡。　　　　　　　　（　　）

（4）玛丽觉得这些文化名城都不错，但是都在北方，冬天太冷。（　　）

（5）南方的风景也很美，气温比北方高不少。　　　　　　　　（　　）

（6）每个城市都有自己的名小吃。　　　　　　　　　　　　　（　　）

2 读短文，回答问题。
Read the short passage and answer the questions.

（1）为什么王小云先建议玛丽去北京、西安、孔子的故乡这些地方？

_____

（2）去哪个地方又可以看历史文化，又能爬山？

_____

（3）玛丽为什么不想去北方？

_____

（4）玛丽问每个城市的小吃的时候，小云说"都能让你吃个够"，这句话是什么意思？

_____

（5）为什么玛丽说"走，咱们现在就去王府井"？

_____

19 汽车被我撞了
Qìchē bèi wǒ zhuàng le
I crashed into a car

Reading Material 1

（来源：北京市公安局公安交通管理局 http://jtgl.beijing.gov.cn/jgj/jgxx/95495/ywsj/index.html）

1 看图，判断下列句子是否符合图片的内容，符合的画"√"，不符合的画"×"。
Look at the graph and tick the true statements and cross the false ones.

（1）这是北京市的机动车情况。　　　　　　　　　　　　　（　　）

（2）图片里面一共有19年的汽车数据。　　　　　　　　　　（　　）

（3）北京市的汽车比20年前增加了很多。　　　　　　　　　（　　）

（4）2000年北京市有157800辆汽车。　　　　　　　　　　　（　　）

（5）2012年北京市的汽车超过（chāoguò, to exceed）了500万辆。（　　）

2 看图回答问题。
Look at the graph and answer the questions.

（1）北京市哪一年的机动车数量增加得最多？

_____

（2）根据（gēnjù, according to）图片，你觉得北京2020年的机动车数量会增加吗？为什么？

_____

Reading Material 2

　　交警（jiāojǐng, traffic police officer）看到一辆车在公路上开得非常慢，司机是一位70岁左右的大妈，车上还有三位跟她年龄差不多（chàbuduō, about the same）的大妈。交警把她拦（lán, to pull over）下来说："大妈，你开这么慢，会影响交通（jiāotōng, traffic）的。"

　　开车的大妈说："那个牌子（páizi, board）不写着20吗？我不能开太快。"交警说："那是20号公路！"然后交警问："这三位大妈怎么脸色这么难看，是不是不舒服？"

　　开车的大妈说："我们刚刚从200号公路开过来的。"

1 读短文，选择正确的答案。
Read the short passage and choose the correct answers.

（1）汽车上有几个人？（　　）

　　A. 一个　　　　　　B. 三个　　　　　　C. 四个

（2）交警为什么把大妈拦下？（　　）

　　A. 车上人太多　　　B. 车开得太慢　　　C. 车开得太快

（3）他们在什么地方？（　　）

　　A. 20号公路　　　　B. 200号公路　　　　C. 70号公路

（4）大妈为什么开得那么慢？（　　）

　　A. 她以为这条路不让开快

　　B. 她发现有交警

　　C. 她车上人很多

（5）车上的三个大妈（　　）。

　　A. 很高兴　　　　B. 生病了　　　　C. 很害怕（hàipà, to be scared）

（6）在200号公路上，大妈可能（　　）。

　　A. 开得很慢　　　B. 开得很快　　　C. 没有开车

2 读短文，填空。
Read the short passage and fill in the blanks.

在20号公路上，交警_____一辆开得_____的车拦下来了。那辆车上一共有_____个人，开车的大妈_____牌子上写的20是让司机_____点儿开，所以她开得非常慢。她们是从200号公路_____，刚才她一定开得_____，因为车上的_____个乘客脸色很难看，看样子都_____。

Reading Material 3

　　来中国以前，林娜已经学会骑自行车了，但不常骑。来中国以后，林娜觉得在中国骑自行车很方便。

　　林娜自己没有自行车，但是马路边有很多不同（bùtóng, different）颜色的自行车，在手机上下载（xiàzài, to download）一个APP，扫（sǎo, to scan）一下自行车上的二维码（èrwéimǎ, QR code），就可以骑了。价格也不贵，骑一次大概1.5元。天气好的时候，她常常和朋友一起骑着自行车到处（dàochù, everywhere）逛。

　　昨天，林娜和朋友去长城玩儿。回来的时候，她们先坐高铁，然后坐地铁，最后从地铁站骑自行车回学校。骑车回学校的路上，林娜不小心撞到了一辆停着的车上，右胳膊撞伤了。还好，大夫检查以后告诉她，伤得不太严重。

　　她想，以后骑自行车一定要小心。

1 读短文，选择正确的答案。
Read the short passage and choose the correct answers.

（1）来中国以前，林娜（　　　）骑自行车。

　　　A. 会　　　　　　B. 不会　　　　　　C. 正在学习

（2）林娜来中国以后，发现骑自行车（　　　）。

　　　A. 很方便　　　　B. 不太方便　　　　C. 很麻烦

（3）林娜自己有自行车吗？（　　　）

　　　A. 有很多　　　　B. 有两辆　　　　　C. 没有

（4）马路边的自行车骑一次大概（　　　）。

　　　A. 2元　　　　　B. 1.5元　　　　　C. 1元

（5）昨天，林娜和朋友没有坐（　　　）。

　　　A. 高铁　　　　　B. 地铁　　　　　　C. 公共汽车

（6）林娜的（　　　）撞伤了。

　　　A. 左胳膊　　　　B. 右胳膊　　　　　C. 右腿

2 根据短文内容，按顺序排列下面的句子。
According to the short passage, arrange the following sentences in order.

A. 大夫检查后告诉林娜，她右胳膊的伤不太严重。

B. 回来的时候，她们先坐高铁，然后坐地铁。

C. 林娜觉得在中国骑自行车又方便又便宜。

D. 昨天林娜和朋友去长城玩儿。

E. 从地铁站回学校的路上，林娜骑自行车撞到了一辆汽车，右胳膊撞伤了。

F. 来中国以前，林娜不常骑自行车。

　　F　→　____　→　____　→　____　→　____　→　____

第19课 汽车被我撞了
Lesson 19　I crashed into a car

Reading Material 4

中国教育部（jiàoyùbù, Ministry of Education）规定（guīdìng, to rule），来华留学生必须（bìxū, have to）购买中国境内的医疗保险（yīliáo bǎoxiǎn, medical insurance）。比如（bǐrú, for example），北京大学的留学生可以在学校购买中国平安保险公司的医疗保险。在生病需要就诊的时候，要特别注意自己医疗保险的范围（fànwéi, range）和使用方法（shǐyòng fāngfǎ, how to use）。如果你购买的是中国平安保险公司的医疗保险，建议你在就诊前先拨打平安保险的24小时服务热线（rèxiàn, hotline）：400-810-5119，接通后按1键（jiàn, key）（有中、英双语服务）。如果你购买的是中国境内的其他（qítā, other）医疗保险，你也应当先和保险公司联系（liánxì, to contact），问清楚你的医疗保险在中国、在你的城市的使用方法和需要注意的事情，比如，应该去哪个医院等，避免（bìmiǎn, to avoid）一些不必要的麻烦。

1 读短文，选择正确的答案。

Read the short passage and choose the correct answers.

（1）"来华留学生必须购买中国境内的医疗保险"这句话的意思是（　　）。

　　A. 来华留学生必须购买在中国的保险公司的医疗保险。

　　B. 来华留学生必须先购买医疗保险后才可以来中国。

　　C. 来华留学生一定要购买保险才能在中国学习。

（2）"当生病需要就诊的时候"中的"就诊"是什么意思？（　　）

　　A. 打服务热线　　　　B. 看病　　　　　　C. 买医疗保险

（3）"建议你在就诊前先拨打平安保险的24小时服务热线"中的"拨打"是什么意思？（　　）

　　A. 打（电话）　　　　B. 买（保险）　　　C. 问（保险公司）

（4）"你也应当先和保险公司联系"中的"应当"是什么意思？（　　）

　　A. 应该　　　　　　B. 可以　　　　　　C. 必须

（5）"避免一些不必要的麻烦"中的"不必要的麻烦"是什么意思？（　　）

　　A. 应该发生的麻烦　　B. 一定会发生的麻烦　　C. 可以不发生的麻烦

2 读短文，判断下列句子是否符合短文的内容，符合的画"√"，不符合的画"×"。
Read the short passage and tick the true statements and cross the false ones.

（1）北京大学的留学生可以在学校购买医疗保险。　　　　　　（　　）

（2）每次去医院看病前必须先给保险公司打电话。　　　　　　（　　）

（3）来华留学生必须购买中国平安保险公司的医疗保险。　　　（　　）

（4）可以24小时联系保险公司。　　　　　　　　　　　　　　（　　）

（5）看病以前应该注意医疗保险的使用方法。　　　　　　　　（　　）

（6）每个城市的医疗保险可能不一样。　　　　　　　　　　　（　　）

20 请把电脑拿出来
Qǐng bǎ diànnǎo ná chulai
Please take out your computer

Reading Material 1

下面是飞机安全（ānquán, safety）专家（zhuānjiā, expert）告诉我们的十条乘坐飞机的安全建议：

一、选择（xuǎnzé, to choose）大飞机，飞机越大，安全检查越多。

二、靠安全门的座位更安全，比如：飞机的前三排、后三排和机翼附近的座位。

三、上飞机以后，要听清楚<u>空服人员</u>的介绍，记住安全门的位置、怎样打开安全门等安全说明和指示（zhǐshì, instruction）。

四、一定不要把大件行李带上飞机。

五、随时都要把安全带系紧（jìjǐn, to fasten）。

六、不要把酒精（jiǔjīng, ethyl alcohol）、汽油（qìyóu, gasoline）等危险品带上飞机。

七、咖啡、茶这些热饮料一定要让空服人员服务，不要自己去拿。

八、不要在飞机上喝太多酒。

九、遇到（yùdào, to encounter）问题时，要请空服人员过来帮助，不要在飞机里来回走动。

十、意外（yìwài, accident）发生时，要保持冷静（lěngjìng, calm），按照空服人员的安排尽快离开飞机。

1 读短文，判断下列句子是否符合短文的内容，符合的画"√"，不符合的画"×"。
Read the short passage and tick the true statements and cross the false ones.

（1）50个座位的飞机比20个座位的飞机更安全。　　（　　）

（2）飞机后三排的座位最不安全。　　（　　）

（3）在飞机上要听清楚空服人员说的话。　　（　　）

（4）不要把很大的东西带上飞机。　　（　　）

（5）在飞机上不要喝咖啡或者茶。　　（　　）

2 阅读上面的安全建议，选择正确的答案。
Read the safety advice above and choose the correct answers.

（1）飞机上什么座位更安全？（　　）

　　A. 靠安全门的座位　　B. 靠窗户的座位　　C. 靠过道的座位

（2）"空服人员"是什么意思？（　　）

　　A. 开飞机的人　　B. 机场的工作人员　　C. 飞机上的服务人员

（3）在飞机上不要做什么？（　　）

　　A. 喝热茶　　B. 喝太多酒　　C. 系安全带

（4）可以带什么东西上飞机？（　　）

　　A. 酒精、汽油　　B. 很大的箱子　　C. 衣服

（5）在飞机上遇到问题时应该怎么办？（　　）

　　A. 请空服人员帮忙　　B. 不要麻烦别人　　C. 请旁边的人帮忙

Reading Material 2

　　上个星期小张去上海谈（tán, to talk about）业务，昨天晚上刚回来。经理说小张出差（chūchāi, to be on a business trip）辛苦了，今天可以放一天假。

　　最近小张总是忙着工作，今天终于有时间做一些自己的事了。她早上7点就起床了，先把房间打扫（dǎsǎo, to clean）了一遍。现在是春天了，天气越

来越暖和了。她把毛衣、棉衣放进箱子里收好，把春天穿的衣服拿出来，挂在衣柜里。这两天她家里的网络不太好，她给网络公司打了电话，请人来检查。下午网络公司的人来了，用了半个小时就把网络修（xiū, to fix）好了。然后她开车去了父母家，把在上海给父母买的礼物送了过去。回来的路上，还去洗（xǐ, to wash）车店把车洗了一下。她出差的时候，把她的小狗送到宠物（chǒngwù, pet）店去了。所以她又去宠物店把小狗接了回来。回家以后，她用手机订了外卖。半小时以后，快递员就把外卖送来了。

现在是晚上7点，小张在干净的房间里，吃着东西，喝着茶，抱着小狗，舒服地看着电视。一天的假期很快就过去了，明天还要继续工作。

1 读短文，根据短文内容完成下面的句子。
Read the short passage and complete the following sentences.

小张今天：

（1）把房间_____；

（2）把毛衣、棉衣_____，把春天穿的衣服_____；

（3）请人来把网络_____；

（4）把在上海买的礼物_____；

（5）去洗车店把汽车_____；

（6）去宠物店把小狗_____。

2 读短文，回答问题。
Read the short passage and answer the questions.

（1）小张为什么今天可以休假？

_____

（2）小张为什么把毛衣、棉衣放进箱子里？

_____

（3）小张出差的时候把小狗放在哪儿了？

_____

（4）今天哪些人来过小张家？

_____

（5）晚上小张做什么了？

_____

Reading Material 3

今天是新学期（xuéqī, semester）的第一天。早上我正在校园里走着，看到对面走过来一个女生。她背着一个大书包，手里拿着好几本书。她走得很快，好像很着急。当她走到我身边的时候，突然（tūrán, suddenly）手里的书全都掉（diào, to fall）在了地上。她更着急了。我停下来，对她说："我来帮你吧。"我把地上的书都捡（jiǎn, to pick up）了起来，递给了她。她说"谢谢"，然后指着前边，问我："请问，去1号教学楼是一直往前走吗？"我说："你走错了，1号楼不在那边，在图书馆的东边。"她不好意思地说："我是新来的，不知道图书馆在哪儿。"我说："那我带你去吧。"

我们一边走一边聊天儿。她告诉我，她是大一新生，上星期刚来学校。今天是她第一天上课，所以一进校园就迷路了。她是学英语专业的，以后想当英语翻译（fānyì, translator）或者英语老师。我说，我有一个朋友也是英语专业的，他叫宋华。没想到，她兴奋地说："真的吗？他是我哥哥啊。"我说："这么巧！我早就知道宋华有个妹妹，没想到在这儿遇到了。你怎么不跟哥哥一起来学校？"她笑着说："我现在是大学生，已经是成年人了。在家靠哥哥，出门就要靠自己了。"我说："对，出门还可以靠朋友。以后我也是你的朋友了。"

1 读短文，判断下列句子是否符合短文的内容，符合的画"√"，不符合的画"×"。
Read the short passage and tick the true statements and cross the false ones.

（1）今天是"我"第一次去学校上课。　　　　　　（　　）

（2）女生帮"我"把书从地上捡了起来。　　　　　（　）

（3）女生想去1号教学楼，可是她走错了。　　　　（　）

（4）女生是"我"的朋友宋华的妹妹。　　　　　　（　）

（5）今天"我"认识了一个新的朋友。　　　　　　（　）

2 根据短文内容，为左边的词语找到合适的解释并连线。
According to the short passage, draw lines to match the words on the left to the explanations on the right.

① 校园	A. 不知道怎么走
② 大一	B. 特别高兴
③ 迷路	C. 大学一年级
④ 兴奋	D. 一般是指18岁以上的人
⑤ 成年人	E. 学校里面的地方

Reading Material 4

1884年冯如出生在中国的广东。他小时候就是个聪明（cōngmíng, clever）的孩子，对"小鸟为什么会飞"这样的问题特别感兴趣。他喜欢自己制作（zhìzuò, to make）风筝（fēngzheng, kite）、车、船等玩具。他做的风筝很特别，下边装了两个袋子，飞起来的时候，两个袋子有平衡（pínghéng, to balance）的作用（zuòyòng, function），所以飞得很平稳（píngwěn, steady）。他身边的人常常称赞他是"天才"。

1894年冯如跟着家人去了美国。他在美国学习了很多制造（zhìzào, to manufacture）的专业知识和技术。1903年美国的莱特兄弟（Láitè xiōngdì, Wright brothers）制造出了世界上第一架飞机。冯如听到这个消息以后，决定也要为中国制造出一架飞机来。他联系了很多在美国的中国人，请他们一起帮忙。在大家的帮助下，终于，在1909年9月，冯如把自己制造的飞机开上了天空，中国的第一架飞机试飞成功（chénggōng, to succeed）了！

飞机制造成功以后，美国的很多公司请他工作，可是他没有留在美国，而是带着他的飞机回到了中国。他想为中国制造出更多、更好的飞机。不幸（búxìng, unfortunate）的是，在1912年的一次飞行表演中，冯如因为飞机失事（shīshì, to crash）牺牲（xīshēng, to sacrifice one's life）了，那年他只有29岁。然而，人们永远不会忘记这位"中国航空之父"。

1 根据短文内容，给下面的事件按时间排列顺序。
According to the short passage, arrange the following events in time order.

A. 冯如跟着家人去了美国。

B. 冯如制造的第一架飞机试飞成功了。

C. 冯如在中国广东出生了。

D. 美国的莱特兄弟制造出了世界上第一架飞机。

E. 冯如不幸牺牲了。

F. 冯如带着他的飞机回到了中国。

___C___ → _____ → _____ → _____ → _____ → _____

2 读短文，回答问题。
Read the short passage and answer the questions.

（1）冯如小时候对什么感兴趣？他喜欢做什么？

_____

（2）听到美国莱特兄弟制造出飞机的消息，冯如有什么打算？

_____

（3）冯如为什么不留在美国工作？

_____

（4）冯如是什么时候因为什么牺牲的？

_____

（5）冯如被大家称为什么？

_____

参考答案 Reference Answers

第 11 课　我玩儿得非常高兴

Reading Material 1

1. （1）现汇 spot exchange　　（2）现钞 cash　　（3）买入价 buying rate

　（4）卖出价 selling rate　　（5）折算价 middle rate

2. （1）3268 元　　（2）389.6 欧元　　（3）9060 元

Reading Material 2

1. （1）C　（2）C　（3）C　（4）C　（5）B　（6）C

2. 参加　生日晚会　太多了　也不少　特别高兴　打车

　好长时间　"去哪里"　"去那里"　"不认识那里"

Reading Material 3

1. （1）C　（2）B　（3）B　（4）C　（5）B　（6）A

2. C　D　E　A　B　F

Reading Material 4

1.

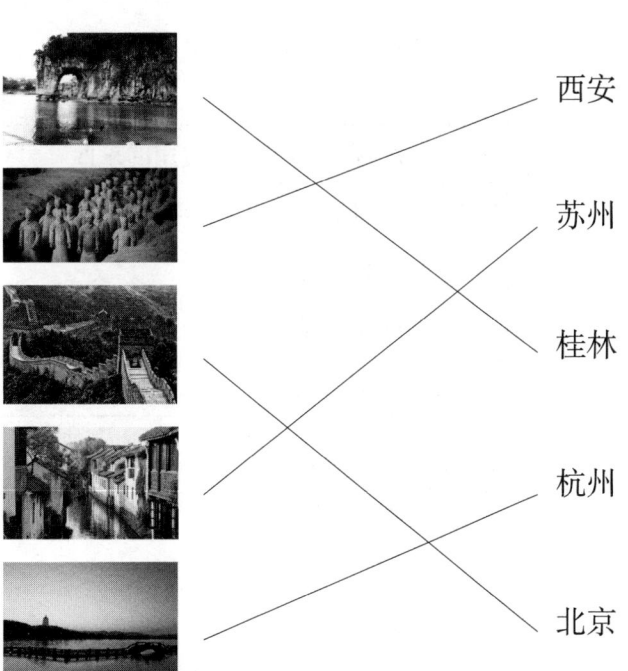

2.（1）×　　　（2）×　　　（3）√　　　（4）×　　　（5）×　　　（6）√

3. 略

第12课　您要寄到哪儿

Reading Material 1

1.（1）4号楼403房间　（2）学院路15号　（3）王月　（4）上海　（5）200083

2. 略

Reading Material 2

1.（1）×　　　（2）×　　　（3）×　　　（4）√　　　（5）√

2. 寄来　　最近　　告诉　　完　　寄给　　五点　　快点儿

Reading Material 3

1.（1）B　　　（2）C　　　（3）C　　　（4）A　　　（5）A

2.（1）①太重了　　②太大了

　（2）①寄航空太贵了　　②"我"不着急用这些东西

　（3）①营业员的意思　　②包裹单　　③付钱窗口的号码

Reading Material 4

1.（1）×　　　（2）×　　　（3）√　　　（4）×　　　（5）√

2.

①贫困	A. 笔、本子等学习用的东西
②上学	B. 非常
③爱心人士	C. 没有钱
④十分	D. 有爱心，喜欢帮助别人的人
⑤文具	E. 去学校学习

①-C　②-E　③-D　④-B　⑤-A

第 13 课　请您把姓名和手机号写在这儿

Reading Material 1

1.（1）10:20　　　　　　（2）G101　G5　G19　　　　（3）G17　3 小时 13 分

（4）K101　14 小时 27 分　　（5）10 张

2. A：T109　　B：G101　G5　G19　　C：G17　　D：G3　　E：T109　K101

Reading Material 2

1.（1）√　　（2）√　　（3）×　　（4）×　　（5）√

2.

从北京到广州		
坐高铁	vs	坐飞机
每天有 __8__ 个车次。		每天有 __15__ 个航班。
最快 __8__ 个小时到。		大概 __3__ 个小时到。
车票 __800多__ 元一张。		机票 __1600__ 元一张。
可以 __看书__ 、__看电影__ 、__上网__ 。		机票太 __贵（了）__ 。

Reading Material 3

1.（1）A　　（2）B　　（3）C　　（4）C　　（5）A　　（6）B

2.

① 6:00	A. 开车去滑雪场
② 7:00	B. 起床
③ 7:30	C. 到滑雪场
④ 9:30	D. 去接朋友
⑤ 12:00	E. 开车回家
⑥ 4:00	F. 吃东西
⑦ 4:30	G. 坐在雪地上休息

① → B, ② → D, ③ → A, ④ → C, ⑤ → F, ⑥ → G, ⑦ → E

Reading Material 4

1．（1）×　　（2）√　　（3）√　　（4）√　　（5）×

2．（1）每个月花一定的钱，可以得到一定时长的通信服务。

（2）工作很忙，总是出差，还常常去国外。

（3）一般都很便宜，通话时长不长，但是上网的流量很多。

（4）通信公司会有很多优惠活动。

（5）比如电影票、超市购物卡。

第14课　租的比买的便宜多了

Reading Material 1

1．（1）C　　（2）A　　（3）B　　（4）B　　（5）A

2.

①《朋友》	A. 钢琴曲
②《爱情故事》	B. 汉语话剧
③《水果沙拉》	C. 中文歌
④《双截棍》	D. 舞蹈
⑤《太极拳老师》	E. 法文歌
⑥《新年快乐》	F. 武术

①-C　②-E　③-A　④-C　⑤-B　⑥-D

Reading Material 2

1．（1）√　　（2）×　　（3）√　　（4）×　　（5）√

2．（1）水平　年轻　　（2）退休　工作　　（3）上课　朋友　　（4）有意思　太极拳

（5）热闹　便宜

Reading Material 3

1．（1）B　　（2）C　　（3）C　　（4）A　　（5）A

2．D　A　B　E　C

Reference Answers

Reading Material 4

1.

① 话剧团	A. 表演时要说的话
② 观众	B. 快乐
③ 台词	C. 一定要
④ 必须	D. 看表演的人
⑤ 幸福	E. 表演话剧的人工作的地方

① — E, ② — D, ③ — A, ④ — C, ⑤ — B

2.（1）张白刚毕业的时候做了电影演员，后来做了一名专业的话剧演员。

（2）因为看电影的观众比看话剧的观众多。

（3）话剧演员的表演水平不比电影演员差。

（4）演话剧比演电影难，因为话剧演员在舞台上表演不能停，一定要记住所有的台词，用自己的声音说台词。

（5）张白觉得演话剧很快乐，在表演话剧的时候，演员们可以看到舞台下边的观众，如果观众喜欢他们的表演，演员就会知道，他们会表演得更好。

第 15 课　中国画跟油画不一样

Reading Material 1

1.（1）钟纲文创 / 油画展　　（2）2020 年 5 月 1 日　　（3）2020 年 5 月 25 日

（4）北京市 PLACE 名堂艺术生活馆

2. 略

Reading Material 2

1.（1）B　　（2）C　　（3）B　　（4）C　　（5）A

2. 略

Reading Material 3

1.（1）×　　（2）√　　（3）×　　（4）×　　（5）×　　（6）×

2. 网上　护照　地铁　天安门东　十分钟　古代中国　书画展　中国画和书法作品　咖啡厅

Reading Material 4

1．（1）B　　（2）A　　（3）C　　（4）A　　（5）B

2．（1）他在那里画画儿。

（2）他从九岁开始跟爸爸学中国画。

（3）他带来了许多有名的画的复制品。

（4）他希望早日去巴黎看看那些名画。

（5）他最爱画马。

（6）人们觉得他画的马像真的一样。

第16课　我是五岁开始学游泳的

Reading Material 1

1．（1）7到14岁　　（2）4月5日开始，提前两天预约教练。　　（3）大班课

（4）4月6日　　（5）每个星期四

2．小班课

Reading Material 2

1．（1）×　　（2）×　　（3）×　　（4）√　　（5）×

2．太好吃了　很多　很少　胖　衣服　减肥　游泳　好　便宜　多吃　少吃　以前

Reading Material 3

1．（1）B　　（2）B　　（3）A　　（4）B　　（5）A

2．（1）×　　（2）×　　（3）×　　（4）√　　（5）×　　（6）×

Reading Material 4

1．（1）C　　（2）A　　（3）A　　（4）B　　（5）A

2．（1）漂亮　可爱　　（2）可多了　跟爸爸一起看足球比赛

（3）看足球比赛　　（4）分享

参考答案
Reference Answers

第 17 课　你看过京剧没有

Reading Material 1

1.（1）×　（2）×　（3）√　（4）×　（5）√

2.（1）一共演出 3 天。　　　　　（2）在国家大剧院演出。（3）19:30 开始，21:30 结束。

　（4）话剧表演中间不休息。　　（5）一共 180 元。

Reading Material 2

1.（1）×　（2）×　（3）×　（4）√　（5）×

2.（1）正好 by chance　　（2）放松 to relax　　（3）高分 high scores

Reading Material 3

1.（1）×　（2）√　（3）×　（4）×　（5）√　（6）×

2.（1）参观过博物馆，看过杂技，爬过长城。

　（2）上个星期六。

　（3）国家大剧院。

　（4）"我"最喜欢脸谱。

　（5）略

Reading Material 4

1.（1）×　（2）√　（3）√　（4）×　（5）×

2. D　A　F　C　E　G　B

第 18 课　我们爬上长城来了

Reading Material 1

1.（1）√　（2）√　（3）×　（4）√　（5）×　（6）×

2.（1）G879　G41　G323　（2）G137　（3）G137　G885　G141　（4）G351

Reading Material 2

1.（1）C　（2）B　（3）B　（4）A　（5）C　（6）B

2. 山　落叶　起来　下来　虫子　美　热闹

· 71

Reading Material 3

1.（1）A　　（2）C　　（3）C　　（4）B　　（5）A　　（6）C

2. E　F　C　D　A　B

Reading Material 4

1.（1）×　　（2）√　　（3）×　　（4）√　　（5）√　　（6）√

2.（1）因为小云知道玛丽对中国文化感兴趣。

（2）孔子的故乡和泰安。

（3）冬天中国的北方有点儿冷。

（4）每个城市的小吃都很多，都很好吃。

（5）王府井有北京小吃。

第19课　汽车被我撞了

Reading Material 1

1.（1）√　　（2）×　　（3）√　　（4）×　　（5）√

2.（1）2010年机动车数量增加得最多。

（2）会增加。因为北京的机动车数量每一年都在增加。

Reading Material 2

1.（1）C　　（2）B　　（3）A　　（4）A　　（5）C　　（6）B

2. 把　很慢　四　觉得　慢　开过来的　很快　三　很害怕

Reading Material 3

1.（1）A　　（2）A　　（3）C　　（4）B　　（5）C　　（6）B

2. F　C　D　B　E　A

Reading Material 4

1.（1）A　　（2）B　　（3）A　　（4）A　　（5）C

2.（1）√　　（2）×　　（3）×　　（4）√　　（5）√　　（6）√

第20课　请把电脑拿出来

Reading Material 1

1.（1）√　　（2）×　　（3）√　　（4）√　　（5）×

2.（1）A　　（2）C　　（3）B　　（4）C　　（5）A

Reading Material 2

1.（1）打扫了一遍

（2）放进箱子里收好　拿出来，挂在衣柜里

（3）修好了

（4）送到父母家去了

（5）洗了一下

（6）接了回来

2.（1）小张出差辛苦，经理让她放一天假。

（2）春天来了，天气越来越暖和了。

（3）她把小狗送到宠物店去了。

（4）网络公司的人和快递员。

（5）小张吃着东西，喝着茶，抱着小狗，舒服地看着电视。

Reading Material 3

1.（1）×　　（2）×　　（3）√　　（4）√　　（5）√

2.

①校园	A. 不知道怎么走
②大一	B. 特别高兴
③迷路	C. 大学一年级
④兴奋	D. 一般是指18岁以上的人
⑤成年人	E. 学校里面的地方

①—E　②—C　③—A　④—B　⑤—D

Reading Material 4

1. C A D B F E

2.（1）冯如对"小鸟为什么会飞"这样的问题感兴趣。他喜欢自己制作玩具。

（2）他决定也要为中国制造出一架飞机来。

（3）他想为中国制造出更多、更好的飞机。

（4）他在1912年的一次飞行表演中，因为飞机失事牺牲了。

（5）冯如被称为"中国航空之父"。